머리말

　JLPT(일본어 능력시험)는 국제교류기금 및 일본국제교육지원협회가 일본 및 해외에서 일본어를 모국어로 하지 않는 사람을 대상으로 일본어 능력을 측정하고 인정함을 목적으로 하는 시험이며 일본 정부가 공인하는 세계 유일의 일본어 시험인 만큼 일본의 대학, 전문학교, 국내 대학교의 특차 전형과 기업 인사 및 공무원 선발에서의 일본어 능력에 대한 평가 자료로도 활용되고 있습니다.

　1984년부터 매년 12월에 시험이 시행되었고 2009년부터 1년에 2회, 즉 7월과 12월에 실시되고 있습니다. 또한 2010년부터 학습자들의 과제 수행을 위한 커뮤니케이션 능력을 측정하는 것을 목표로 새로운 유형으로 바뀌면서 N1부터 N5까지 더 세분화되었습니다.

　독해는 글자 그대로 문장을 읽고 이해하는 능력을 측정하는 시험입니다. 단어 하나하나의 해석보다는 문장 전체의 흐름, 키워드, 필자의 의도 등을 파악하는 것이 훨씬 중요합니다. 그러기 위해서는 기본적으로 레벨에 맞는 어휘와 문법 실력을 갖추어야 하고 많은 문제를 풀어 반복적으로 등장하는 핵심 단어를 찾아낼 수 있어야 합니다.

　독해 실력을 향상시키기 위해서는 다양한 장르의 문장을 다독하는 것이 선행되어야 합니다. 그리고 단문, 중문, 장문으로 갈수록 지문이 길어지면서 어려워하는 수험생이 많은데, 그럴 때는 단문 두 개 또는 세 개를 푼다는 생각으로 분리해서 사고하는 요령이 요구됩니다.

　그래서 본서에서는 다양한 독해문을 다루었으며 상대적으로 조금 평이한 문제와 다소 어려운 문제까지 출제하여 합격은 물론 고득점을 목표로 하는 학습자에게도 도움이 될 수 있도록 구성하였습니다. 본서에 나오는 어휘와 문형을 두루 익히고 조금 난해한 문제라도 먼저 풀어 보고 해설을 통해 이해하는 식으로 여러 독해 지문에 대한 이해도를 조금씩 높여 나간다면 소기의 목적을 달성할 수 있으리라 확신합니다.

　끝으로 이 책의 출판에 도움을 주신 ㈜다락원의 정규도 사장님과 일본어 출판부 직원 여러분에게 이 자리를 빌려 감사드립니다.

저자 일동

JLPT(일본어 능력시험)에 대하여

1. **목적 및 주최** | JLPT(일본어 능력시험)는 원칙적으로 일본 국내외에서 일본어를 모국어로 하지 않는 사람을 대상으로 한다. 일본어를 공부하거나 사용하는 사람들의 일본어 능력을 측정하고 인정하는 것을 목적으로 한다. 일본 정부가 세계적으로 공인하는 유일한 일본어 시험으로 국제교류기금과 재단법인 일본국제교육지원협회가 주최한다.

2. **실시 횟수** | 매년 7월 첫 번째 일요일과 12월 첫 번째 일요일 2회 실시한다. 하지만 주관 부서의 사정에 따라 변경될 수도 있으니 http://www.jlpt.or.kr/ 에서 확인하기 바란다.

3. **레벨** | 시험은 N1, N2, N3, N4, N5로 나뉘어 있어 수험자가 자신에게 맞는 레벨을 선택하면 된다. 각 레벨에 따라 N1~N2는 언어지식(문자·어휘·문법)·독해, 청해의 두 섹션으로, N3~N5는 언어지식(문자·어휘), 언어지식(문법)·독해, 청해의 세 섹션으로 나뉘어 있다.

4. **시험 결과 통지와 합격 여부** | JLPT는 다음 예와 같이 각 과목의 ①구분별 득점과 구분별 득점을 합계한 ②총점을 통지하며, 이 두 가지 기준에 따라 합격 여부를 판정한다. 즉, 총점이 합격점 이상이고, 각 구분별 득점(과목별 점수)이 기준점 이상이어야 합격이 된다.

일반 수험자 합격 기준점

2016. 12 시험 기준

레벨	합격점/만점	기준점	
		언어지식(문자·어휘·문법)·독해	청해
N4	90점 / 180점	38점 / 120점	19점 / 60점
N5	80점 / 180점		19점 / 60점

* 2016년 12월 시험에서는 총점의 합격 기준점과 파트별 기준점을 모두 넘어야 합격이 되었다.
만약 한 과목이라도 기준점을 넘기지 못하면 총점이 합격 기준점을 넘더라도 불합격이 된다. 이 점수는 매년 달라진다.

*A 씨의 성적표(N5)

① 구분별 득점		② 총점
언어지식·독해	청해	
100 / 120	16 / 60	95 / 180

불합격

* 총점은 95점으로 합격점은 충족하지만, 청해가 16점으로 기준점 19점을 넘기지 못했다. 따라서 A 씨는 **불합격**이다.

*B 씨의 성적표(N5)

① 구분별 득점		② 총점
언어지식·독해	청해	
50 / 120	35 / 60	95 / 180

합격

* 총점은 95점으로 합격점을 충족하며, 과목별 득점도 각각의 기준점인 38점과 19점 이상이므로 B 씨는 **합격**이다.

5. **시험 내용** | 각 레벨의 인정 기준을 【읽기】, 【듣기】라는 언어행동으로 나타낸다. 각 레벨에는 이 언어행동을 실현하기 위한 언어지식이 필요하다.

레벨	구성 (항목 / 시간)		인정 기준
N1	언어지식 (문자・어휘・문법) 독해	110분	폭넓은 장면에서 사용되는 일본어를 이해할 수 있다. 【읽기】• 폭넓은 화제의 신문 논설, 논평 등 논리적으로 약간 복잡한 문장이나 추상도가 높은 문장 등을 읽고, 문장의 구성이나 내용을 이해할 수 있다. • 다양한 화제의 깊이 있는 내용을 읽고, 이야기의 흐름이나 상세한 표현 의도를 이해할 수 있다. 【듣기】• 폭넓은 장면에서 주고받은 자연스러운 속도의 정리된 회화나 뉴스, 강의를 듣고 이야기의 흐름이나 내용, 등장인물의 관계나 내용의 논리 구성 등을 상세하게 이해하거나 요지를 파악할 수 있다.
	청해	60분	
	계	170분	
N2	언어지식 (문자・어휘・문법) 독해	105분	일상적인 장면에서 사용되는 일본어의 이해에 더해, 보다 폭넓은 장면에서 사용되는 일본어를 어느 정도 이해할 수 있다. 【읽기】• 폭넓은 화제의 신문이나 잡지의 기사・해설, 평이한 논평 등 요지가 명쾌한 문장을 읽고 문장의 내용을 이해할 수 있다. • 일반적인 화제에 관한 내용을 읽고, 이야기의 흐름이나 표현 의도를 이해할 수 있다. 【듣기】• 일상적인 장면에 더해 폭넓은 장면에서, 비교적 자연스러운 속도의 정리된 회화나 뉴스를 듣고 이야기의 흐름이나 내용, 등장인물의 관계를 이해하거나 요지를 파악할 수 있다.
	청해	50분	
	계	155분	
N3	언어지식(문자・어휘)	105분	일상적인 장면에서 사용되는 일본어를 어느 정도 이해할 수 있다. 【읽기】• 일상적인 화제에 대한 구체적인 내용의 문장을 읽고 이해할 수 있다. • 신문의 표제어 등에서 정보의 개요를 캐치할 수 있다. • 일상적인 장면에서 눈으로 보는 범위의 난이도가 약간 높은 문장은 대체 표현이 주어지면 요지를 이해할 수 있다. 【듣기】• 일상적인 장면에서 비교적 자연스러운 속도의 정리된 회화를 듣고 이야기의 구체적인 내용을 등장인물의 관계 등과 맞춰서 대체로 이해할 수 있다.
	언어지식(문법)・독해		
	청해	40분	
	계	145분	
N4	언어지식(문자・어휘)	95분	기본적인 일본어를 이해할 수 있다. 【읽기】• 기본적인 어휘나 한자로 이루어진 매우 일상적인 화제의 문장을 읽고 이해할 수 있다. 【듣기】• 일상적인 장면에서 약간 천천히 이야기하는 대화라면 내용을 대체로 이해할 수 있다.
	언어지식(문법)・독해		
	청해	35분	
	계	130분	
N5	언어지식(문자・어휘)	80분	기본적인 일본어를 어느 정도 이해할 수 있다. 【읽기】• 히라가나나 가타카나, 일상생활에서 사용되는 기본적인 한자로 이루어진 정형적 어구나 문장을 읽고 이해할 수 있다. 【듣기】• 일상생활에서 자주 접하는 장면에서 천천히 이야기하는 짧은 대화라면 필요한 정보를 파악할 수 있다.
	언어지식(문법)・독해		
	청해	30분	
	계	110분	

※ N3~N5의 경우, 1교시에 언어지식(문자・어휘)과 언어지식(문법)・독해가 연결 실시됩니다.

6. **성적표 교부** | 합격자에 한해 교부되는 급수별 「일본어 능력 인정서」와 함께 응시자 전원에게 합격 및 불합격의 결과를 알려 주는 통지서, 인정 결과 및 성적에 관한 증명서를 교부한다.

이 책의 구성 및 특징

이 책은 「JLPT(일본어 능력시험) N4·5 독해」 대비서로, 2교시 「언어지식(문법)·독해」 중 독해 파트에 해당하며 배점은 60점, 시간은 40분 정도입니다. N4·5 독해 문제의 3가지 형태 즉, 내용 이해(단문, 중문), 정보 검색의 각 파트별로 「문제 유형 분석」과 「문제 풀이 비법」을 실어 처음 접하는 문제 형태에도 당황하지 않도록 배려하였으며, 문제 뒤에는 바로 해석과 해설을 실어 혼자서도 충분히 독해 파트를 공부할 수 있도록 하였습니다.

Part 1 & Part 2 유형별 독해 문제 공략하기

JLPT(일본어 능력시험)의 N4·5 독해 문제 유형은 내용 이해(단문, 중문), 정보 검색으로 총 3가지입니다. 각 유형 앞에는 「문제 유형 분석」과 「문제 풀이 비법」이 실려 있어 독해 유형과 풀이에 대한 길잡이로 삼을 수 있습니다. N5는 단문 15지문, 중문 6지문, 정보 검색 6지문이며, N4는 단문 13지문, 중문 8지문, 정보 검색 8지문으로 충분한 양의 독해 지문을 통해 독해 파트를 대비할 수 있습니다. 또한 문제 뒤에는 바로 해석 및 해설을 실어 바로바로 확인할 수 있으며, 해설에는 단어 파트를 마련하여 어휘와 숙어, 묶어서 외우면 좋을 표현까지 모두 정리되어 있습니다.

Part 3 파이널 테스트

• 파이널 테스트

JLPT(일본어 능력시험)의 N4·5 실전 독해 문제와 같은 형식의 파이널 테스트를 각각 2회씩 수록하여 마무리 점검을 할 수 있도록 하였습니다.

• 파이널 테스트 정답 및 해설

파이널 테스트의 정답 및 해설을 자세히 수록하였습니다. 또한, 다락원 홈페이지(www.darakwon.co.kr) 자료실에 이 교재에 나온 모든 단어 및 표현을 해석과 함께 아이우에오 순으로 정리한 「N4·5 독해력을 UP시키는 어휘 1200」을 게재하여, 어휘력을 높일 수 있게 하였습니다. 다운로드 후 프린트해 주세요.

차례

머리말   003
JLPT(일본어 능력시험)에 대하여   004
이 책의 구성 및 특징   006
이 책의 사용법   008

Part 1   N5 독해

N5의 독해 문제 유형 분석   012
  1. **내용 이해 - 단문** 공략하기   014
  2. **내용 이해 - 중문** 공략하기   045
  3. **정보 검색** 공략하기   071

Part 2   N4 독해

N4의 독해 문제 유형 분석   098
  1. **내용 이해 - 단문** 공략하기   100
  2. **내용 이해 - 중문** 공략하기   127
  3. **정보 검색** 공략하기   163

Part 3   파이널 테스트

  1. N5 파이널 테스트 1~2회   198
  2. N4 파이널 테스트 1~2회   212
  3. 파이널 테스트 정답 및 해설   230

이 책의 사용법

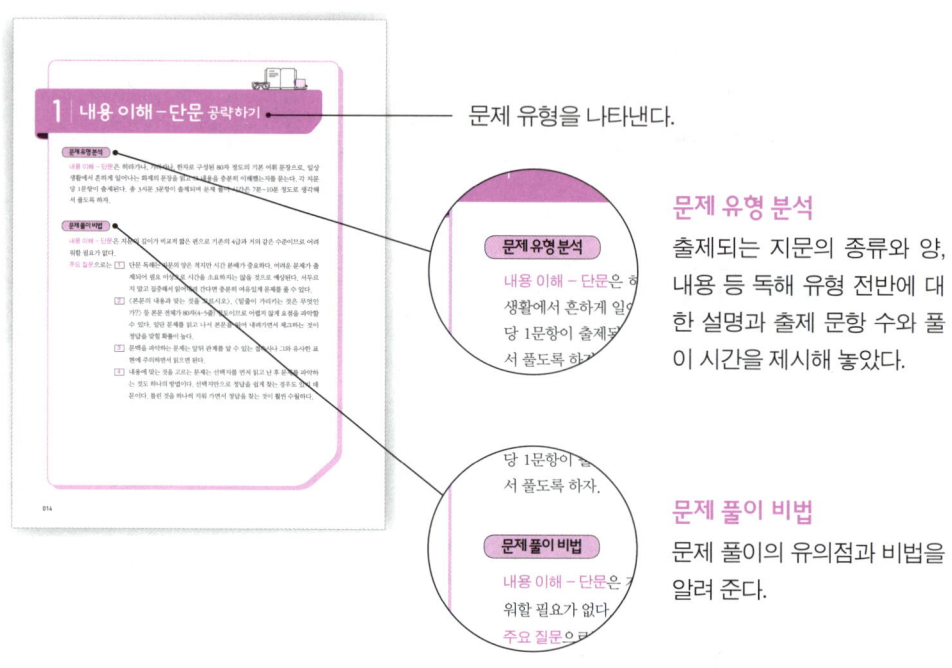

문제 유형 분석
출제되는 지문의 종류와 양, 내용 등 독해 유형 전반에 대한 설명과 출제 문항 수와 풀이 시간을 제시해 놓았다.

문제 유형을 나타낸다.

문제 풀이 비법
문제 풀이의 유의점과 비법을 알려 준다.

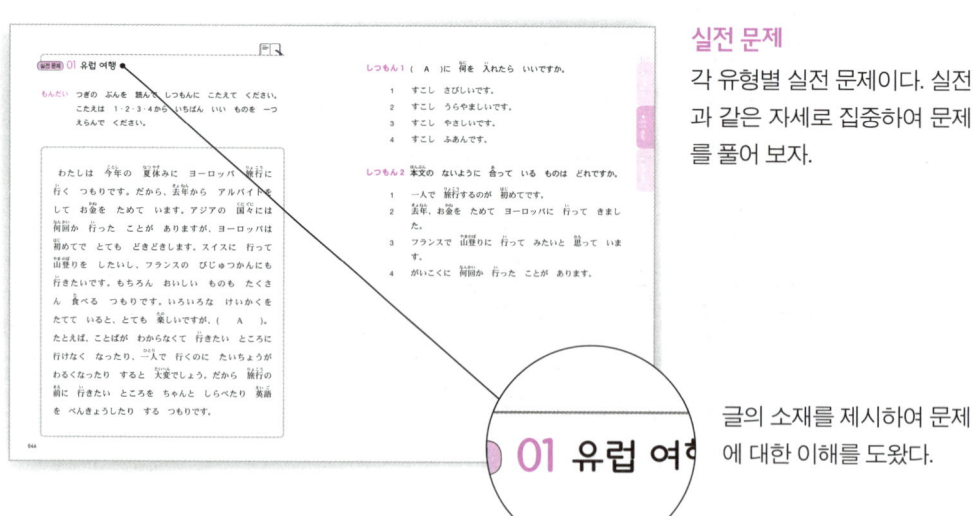

실전 문제
각 유형별 실전 문제이다. 실전과 같은 자세로 집중하여 문제를 풀어 보자.

글의 소재를 제시하여 문제에 대한 이해를 도왔다.

해석 및 해설
문제를 풀면 다음 장에는 바로 해석 및 해설이 나와 있다. 지문에 대한 해석, 그리고 단어 및 묶어서 알아 두면 좋은 표현이 정리되어 있다. 또한 문제 해설에는 해석 뿐만 아니라 왜 정답이 되는지 자세히 설명해 두었다.

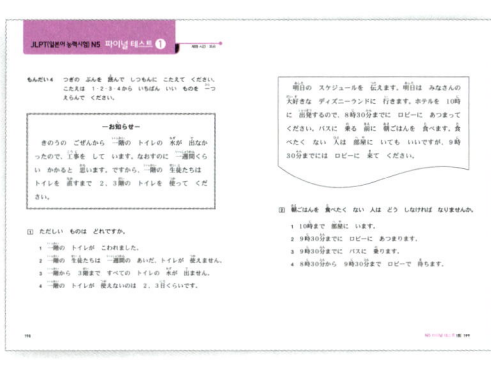

파이널 테스트
Part 3에는 N4·5 독해 파이널 테스트 2회분이 실려 있다. 학습을 끝낸 후, 마무리 테스트로 풀어 보자. 시간을 꼭 정해 놓고 풀어 보자.

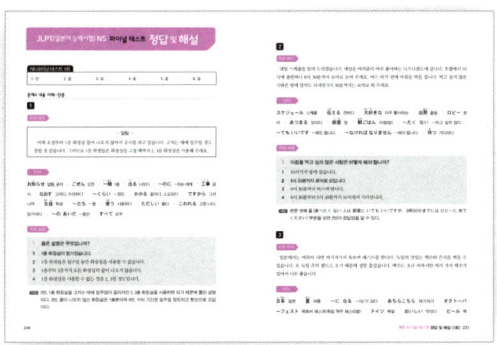

파이널 테스트 정답 및 해설
N4·5 독해 파이널 테스트에 대한 해석과 해설이 자세히 실려 있다.

어휘 1200
다락원 홈페이지 자료실에 교재에서 다룬 모든 단어를 히라가나 순으로 정리한 「N4·5 독해력을 UP시키는 어휘 1200」을 게재해 두었다. 꼭 다운로드 후 프린트하여 가지고 다니며 어휘력을 기르자.

점수를 UP시키는
N5 독해

Part 1

유형별 독해 문제 공략하기

1. 내용 이해-단문 공략하기
2. 내용 이해-중문 공략하기
3. 정보 검색 공략하기

N5의 독해 문제 유형 분석

N5는 5지문, 6문제로 단문-중문-정보 검색의 출제 비율은 3-2-1이며, 배점은 전체에서 1/3(60점)을 차지하는 등 독해는 시험 전체에서 차지하는 비중이 상당히 크다고 하겠다.

지문의 종류
JLPT(일본어 능력시험) N5의 독해 문제 유형은 내용 이해(단문, 중문), 정보 검색으로 총 3가지이다.

1. 내용 이해 - 단문

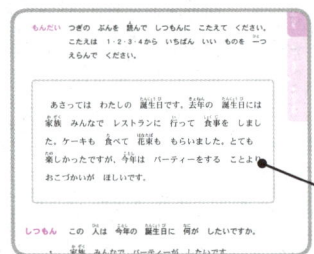

주로 학습, 생활, 업무에 관련된 화제·장면을 80자 정도로 쓴 글을 읽고 내용을 충분히 이해했는지를 묻는 문제로, 각 지문당 1문제가 출제된다. 총 3문제가 출제되며, 문제 풀이 시간은 10분 정도로 생각해서 푼다.

> 지문의 길이는 80자 정도
> 한 지문에 1문제 출제, 총 3지문 3문제   **10분**

2. 내용 이해 - 중문

일상적인 화제나 장면을 소재로 쉽게 쓴 250자 정도의 글을 읽고 내용을 이해할 수 있는지를 묻는다. 한 지문에 2문제가 출제되며, 15분 정도로 생각해서 푼다.

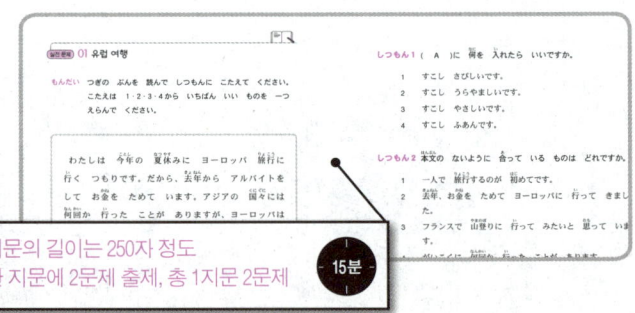

> 지문의 길이는 250자 정도
> 한 지문에 2문제 출제, 총 1지문 2문제   **15분**

3. 정보 검색

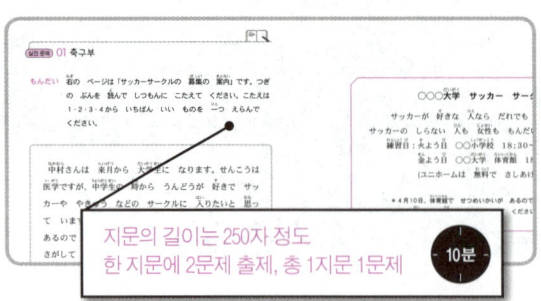

250자 정도의 안내나 알림 등의 정보 소재 글 안에서 자신에게 필요한 정보를 찾아낼 수 있는지 묻는 문제이다. 예를 들어 쓰레기 분리에 따른 품목과 수거일을 보고 알맞은 것을 고르는 문제이다. 한 지문에 1문제가 출제되며, 문제 풀이 시간은 10분 정도로 잡는다.

> 지문의 길이는 250자 정도
> 한 지문에 2문제 출제, 총 1지문 1문제   **10분**

문제의 유형

각 유형별로 질문의 형태에 특징이 있다.

1. 내용 이해(단문·중문)

❶ 내용 파악 문제
질문의 내용을 파악하고, 글 안에서 그 내용을 찾는다. 전체적일 수도 있고 부분적일 수도 있다.

❷ 문맥을 파악하는 문제
앞뒤 관계를 알 수 있는 접속사나 그와 유사한 표현에 주의하면서 읽는다.

> **질문의 예시**
> 1. ~는 언제 무엇이 가능한가?
> 2. 다음 중 가장 ~한 것은 어느 것인가?
> 3. ~는 오늘 어디에 가는가?
> 4. ~와 ~을 사면 얼마가 되는가?
> 5. ~때 어떤 풍습이 있는가?
> 6. ~의 이유는 무엇인가?
> 7. 밑줄의 내용은 왜 그런 것인가?
> 8. 최근 어떤 사람이 늘고 있는가?

2. 정보 검색

❶ 내용 검색 문제
질문을 보고 필요한 정보를 지문 전체에서 찾는다. 예외 사항이 없는지 체크하는 것이 중요하다.

> **질문의 예시**
> 1. 어느 버스를 타는가?
> 2. ~은 언제 어느 쓰레기통에 버리는가?
> 3. 무엇을 어디에 두는가?
> 4. 어떤 방송 프로그램이 적당한가?
> 5. ~에서 해도 되는 행동은 무엇인가?

1 | 내용 이해 – 단문 공략하기

문제 유형 분석

내용 이해 – 단문은 히라가나, 가타카나, 한자로 구성된 80자 정도의 기본 어휘 문장으로, 일상 생활에서 흔하게 일어나는 화제의 문장을 읽고 그 내용을 충분히 이해했는지를 묻는다. 각 지문당 1문항이 출제된다. 총 3지문 3문항이 출제되며 문제 풀이 시간은 7분~10분 정도로 생각해서 풀도록 하자.

문제 풀이 비법

내용 이해 – 단문은 지문의 길이가 비교적 짧은 편이므로 어려워할 필요가 없다.

주요 질문으로는

1. 단문 독해는 지문의 양은 적지만 시간 분배가 중요하다. 어려운 문제가 출제되어 필요 이상으로 시간을 소요하지는 않을 것으로 예상된다. 서두르지 말고 집중해서 읽어내려 간다면 충분히 여유있게 문제를 풀 수 있다.

2. 〈본문의 내용과 맞는 것을 고르시오〉, 〈밑줄이 가리키는 것은 무엇인가?〉 등 본문 전체가 80자(4-5줄) 정도이므로 어렵지 않게 요점을 파악할 수 있다. 일단 문제를 읽고 나서 본문을 읽어 내려가면서 체크하는 것이 정답을 맞힐 확률이 높다.

3. 문맥을 파악하는 문제는 앞뒤 관계를 알 수 있는 접속사나 그와 유사한 표현에 주의하면서 읽으면 된다.

4. 내용에 맞는 것을 고르는 문제는 선택지를 먼저 읽고 난 후 문제를 파악하는 것도 하나의 방법이다. 선택지만으로 정답을 쉽게 찾는 경우도 있기 때문이다. 틀린 것을 하나씩 지워 가면서 정답을 찾는 것이 훨씬 수월하다.

실전 문제 01 생일

もんだい つぎの ぶんを 読んで しつもんに こたえて ください。こたえは 1・2・3・4から いちばん いい ものを 一つ えらんで ください。

あさっては わたしの 誕生日です。去年の 誕生日には 家族 みんなで レストランに 行って 食事を しました。ケーキも 食べて 花束も もらいました。とても 楽しかったですが、今年は パーティーを する ことより おこづかいが ほしいです。

しつもん この 人は 今年の 誕生日に 何が したいですか。

1 家族 みんなで パーティーが したいです。
2 すてきな レストランで おいしい ものが 食べたいです。
3 一人で 旅行に 行きたいです。
4 お金を もらいたいです。

해석 및 해설 01 생일

지문 해석

모레는 제 생일입니다. 작년 생일에는 가족 모두 레스토랑에 가서 식사를 했습니다. 케이크도 먹고 꽃다발도 받았습니다. 굉장히 즐거웠지만 올해는 파티를 하는 것보다 용돈이 받고 싶습니다.

단어

あさって 모레 | 誕生日(たんじょうび) 생일 | 去年(きょねん) 작년 | 家族(かぞく) 가족 | みんなで 다 같이 | レストラン 레스토랑, 식당 | 食事(しょくじ) 식사 | ケーキ 케이크 | 花束(はなたば) 꽃다발 | もらう 받다 | 楽(たの)しい 즐겁다 | 今年(ことし) 올해, 금년 | パーティー 파티 | ~より ~보다 | おこづかい 용돈 | ほしい 갖고 싶다 | ます형+たい ~하고 싶다 | すてきだ 멋지다 | 旅行(りょこう) 여행 | お金(かね) 돈

문제 해설

문 이 사람은 올해 생일에 무엇을 하고 싶어 합니까?
1 가족 모두 파티를 하고 싶습니다.
2 멋진 레스토랑에서 맛있는 것을 먹고 싶습니다.
3 혼자서 여행가고 싶습니다.
4 돈을 받고 싶습니다.

해설 본문 마지막 [とても 楽しかったですが、今年は パーティーを する ことより おこづかいが ほしいです] 부분을 보면 4번이 정답임을 알 수 있다.

실전 문제 02 미술관

もんだい つぎの ぶんを 読んで しつもんに こたえて ください。こたえは 1・2・3・4から いちばん いい ものを 一つ えらんで ください。

来週の 月ようびに びじゅつかんに 行きます。そこには 花や 動物など かわいい 絵が たくさん あると 先生から 聞きました。そして、絵を 見てから 自分で かいて みる ことも できると 言いました。とても 楽しみです。

しつもん びじゅつかんに ついて ただしい ものは どれですか。

1　有名な 人の 絵が 多いです。
2　じゆうに 写真を とる ことが できます。
3　びじゅつかんで 絵を かく ことが できます。
4　絵に さわる ことが できます。

해석 및 해설 02 미술관

지문 해석

다음 주 월요일에 미술관에 갑니다. 그곳에는 꽃이나 동물 등 귀여운 그림이 많이 있다고 선생님께 들었습니다. 그리고 그림을 보고 나서 직접 그려 볼 수도 있다고 말씀하셨습니다. 매우 기대됩니다.

단어

来週(らいしゅう) 다음 주 | **月ようび**(げつ) 월요일 | **びじゅつかん** 미술관 | **花**(はな) 꽃 | **動物**(どうぶつ) 동물 | **かわいい** 귀엽다 | **絵**(え) 그림 | **たくさん** 많이 | **先生**(せんせい) 선생님 | **聞く**(き) 듣다, 묻다 | **そして** 그리고 | **見る**(み) 보다 | **~てから** ~하고 나서 | **自分で**(じぶん) 스스로, 자신이 | **かく** 그리다, 쓰다 | **~てみる** ~해 보다 | **~ことが できる** ~할 수 있다 | **言う**(い) 말하다 | **とても** 매우 | **楽しみ**(たの) 즐거움, 낙 | **有名な**(ゆうめい) 유명한 | **多い**(おお) 많다 | **じゆうに** 자유롭게 | **写真を とる**(しゃしん) 사진을 찍다 | **さわる** 만지다

문제 해설

문 미술관에 대한 옳은 설명은 무엇입니까?

1 유명한 사람의 그림이 많습니다.
2 자유롭게 사진을 찍을 수 있습니다.
3 미술관에서 그림을 그릴 수 있습니다.
4 그림을 만질 수 있습니다.

해설 본문에서 이 미술관은 꽃과 동물 그림이 많고, 그림을 본 후 자신이 직접 그려 볼 수 있다고 설명하고 있다. 1, 2, 4번은 본문에 나오지 않은 내용이므로 오답이 된다.

실전 문제 03 한국

もんだい つぎの ぶんを 読んで しつもんに こたえて ください。こたえは 1・2・3・4から いちばん いい ものを 一つ えらんで ください。

わたしは 韓国が 好きです。月・水・金ようびには 韓国語を べんきょうして います。ちょっと むずかしいですが、とても おもしろいです。週末は 家で 韓国の ドラマを 見たり 友だちと 韓国料理を 食べたりします。来年は 韓国に 行きたいです。

しつもん この 人に ついて ただしいのは どれですか。

1 週末に 韓国語の べんきょうを します。
2 韓国に よく 行きます。
3 毎日 韓国料理を 作ります。
4 週末に 韓国の ドラマを 見ます。

해석 및 해설 03 한국

지문 해석

저는 한국을 좋아합니다. 월·수·금요일에는 한국어를 공부하고 있습니다. 조금 어렵지만 아주 재미있습니다. 주말은 집에서 한국 드라마를 보기도 하고 친구와 한국 요리를 먹기도 합니다. 내년에는 한국에 가고 싶습니다.

단어

韓国(かんこく) 한국 | 好(す)きだ 좋아하다 | 月(げつ)・水(すい)・金(きん)ようび 월·수·금요일 | 韓国語(かんこくご) 한국어 | べんきょうする 공부하다 | むずかしい 어렵다 | とても 매우, 아주 | おもしろい 재미있다 | 週末(しゅうまつ) 주말 | ドラマ 드라마 | 見(み)る 보다 | ～たり～たり します ～하기도 하고 ～하기도 합니다 | 友(とも)だち 친구 | 韓国料理(かんこくりょうり) 한국 요리 | 食(た)べる 먹다 | 来年(らいねん) 내년 | 行(い)きたい 가고 싶다 | 毎日(まいにち) 매일 | 作(つく)る 만들다

문제 해설

> 문 이 사람에 대해서 옳은 것은 무엇입니까?
>
> 1 주말에 한국어를 공부합니다.
> 2 한국에 자주 갑니다.
> 3 매일 한국 요리를 만듭니다.
> 4 주말에 한국 드라마를 봅니다.

해설 1번, 한국어는 월·수·금요일에 공부한다고 했다. 2번, 3번과 같은 내용은 본문에 없다. 주말에는 한국 드라마를 보기도 하고 친구와 한국 요리를 먹기도 한다고 했으므로 4번이 정답이다.

실전 문제 04 감기

もんだい つぎの ぶんを 読んで しつもんに こたえて ください。
こたえは 1・2・3・4から いちばん いい ものを 一つ えらんで ください。

わたしは 今日 会社に 行く 前に 病院に 行きました。きのうから 具合が 悪かったからです。病院の 先生は インフルエンザだと 言いました。会社に 行かないで 2、3日間 休んで くださいと いいました。

しつもん 「わたし」は 今日 何を しますか。

1　くすりを 買いに 行きます。
2　病院に 行ってから 会社に 行きます。
3　会社に 電話を して 休みます。
4　家で しごとを します。

해석 및 해설 04 감기

지문 해석

저는 오늘 회사에 가기 전에 병원에 갔습니다. 어제부터 몸이 아팠기 때문입니다. 병원의 의사 선생님은 독감이라고 말했습니다. 회사에 가지 말고 2, 3일간 쉬라고 했습니다.

단어

今日(きょう) 오늘 | 会社(かいしゃ) 회사 | 行(い)く 가다 | 前(まえ)に 전에 | 病院(びょういん) 병원 | きのう 어제 | 具合(ぐあい)が 悪(わる)い 몸이 아프다 | 先生(せんせい) 선생님 | インフルエンザ 독감 | 言(い)う 말하다 | ～ないで ～하지 말고 | 2、3日間(にちかん) 2, 3일간 | 休(やす)む 쉬다 | ～て ください ～해 주세요 | くすり 약 | 買(か)う 사다 | ます형+に 行(い)く ～하러 가다 | ～てから ～하고 나서 | 電話(でんわ) 전화 | 家(いえ) 집 | しごとを する 일을 하다

문제 해설

문 '나'는 오늘 무엇을 합니까?
1 약을 사러 갑니다.
2 병원에 갔다가 회사에 갑니다.
3 회사에 전화하고 쉽니다.
4 집에서 일을 합니다.

해설 병원에서 의사가 독감이니 회사에 가지 말고 2, 3일간 쉬라고 했으므로 3번이 정답이다.

| 실전 문제 | 05 메모

もんだい　つぎの　ぶんを　読んで　しつもんに　こたえて　ください。
　　　　　こたえは　1・2・3・4から　いちばん　いい　ものを　一つ
　　　　　えらんで　ください。

田中さんの　机の　上に　鈴木さんの　メモが　あります。

田中君

　今週の　土ようびに　先生の　教室で　飲み会が　あります。スーパーに　行って　食べ物や　飲み物を　買わなければ　なりません。飲み会には　ほかの　先生と　せんぱいたちも　来ますから　人が　多いです。時間が　あったら　スーパに　いっしょに　行きませんか。

　　　　　　　　　　　　　　　　　　　　　　　　　　　鈴木

しつもん　鈴木さんは　なぜ　この　メモを　書きましたか。

1　田中君と　いっしょに　先生の　家に　行きたいです。
2　田中君と　いっしょに　せんぱいに　会いたいです。
3　田中君と　いっしょに　買い物が　したいです。
4　田中君と　いっしょに　おいしい　ものが　食べたいです。

해석 및 해설　05 메모

지문 해석

다나카 씨의 책상 위에 스즈키 씨가 쓴 메모가 있습니다.

> 다나카 군
>
> 이번 주 토요일에 선생님 교실에서 술자리가 있어요. 슈퍼에 가서 음식이랑 음료수를 사야 해요. 술자리에는 다른 선생님과 선배들도 오니까 사람이 많아요. 시간이 있으면 슈퍼에 같이 가지 않을래요?
>
> 　　　　　　　　　　　　　　　　　　　　　　　　스즈키

단어

机 책상 | 上に 위에 | メモ 메모 | 今週 이번 주 | 土ようび 토요일 | 先生 선생님 | 教室 교실 | 飲み会 술자리 | スーパー 슈퍼마켓 | 行く 가다 | 食べ物 음식 | 飲み物 음료(수), 마실 것 | 買わなければ なりません 사야 합니다 | ほかの 다른 | せんぱい 선배 | 来る 오다 | 多い 많다 | 時間 시간 | あったら 있으면 | いっしょに 함께 | なぜ 왜 | 書く 쓰다 | 会う 만나다 | 買い物 쇼핑 | 食べる 먹다 | 〜たい 〜하고 싶다

문제 해설

문 스즈키 씨는 왜 이 메모를 썼습니까?

1　다나카 군과 함께 선생님 집에 가고 싶습니다.
2　다나카 군과 함께 선배를 만나고 싶습니다.
3　다나카 군과 함께 쇼핑을 하고 싶습니다.
4　다나카 군과 함께 맛있는 것을 먹고 싶습니다.

해설 토요일에 선생님 교실에서 술자리가 있는데, 사람들이 많이 오니까 같이 장을 보러 슈퍼에 가자는 내용이므로 정답은 3번이 된다.

실전 문제 06 내일의 일정

もんだい つぎの ぶんを 読んで しつもんに こたえて ください。こたえは 1・2・3・4から いちばん いい ものを 一つ えらんで ください。

わたしは 小学校の 4年生です。あしたは 学校で どうぶつえんに 行きます。先生は おかしと 飲み物を 持って きて くださいと 言いました。
 でも お金は いりませんと 言いました。

しつもん あした なにを 持って いきますか。

1　飲み物と おかしと お金です。
2　飲み物と お金です。
3　おかしと お金です。
4　おかしと 飲み物です。

해석 및 해설　06 내일의 일정

지문 해석

나는 초등학교 4학년입니다. 내일은 학교에서 동물원에 갑니다. 선생님은 과자와 음료수를 갖고 오라고 하셨습니다. 하지만 돈은 필요 없다고 하셨습니다.

단어

小学校(しょうがっこう) 초등학교 | ～年生(ねんせい) ~학년 | あした 내일 | どうぶつえん 동물원 | ～に 行(い)く ~에 가다 | 先生(せんせい) 선생님 | おかし 과자 | ～と ~와/과 | 飲(の)み物(もの) 마실 것, 음료(수) | 持(も)ってくる 가지고 오다 | ～てください ~해 주세요 | ～と 言(い)う ~라고 (말)하다 | でも 하지만 | お金(かね) 돈 | いる 필요하다 〈한자로는 要る〉

문제 해설

> 문　내일 무엇을 갖고 갑니까?
> 1　음료수와 과자와 돈입니다.
> 2　음료수와 돈입니다.
> 3　과자와 돈입니다.
> 4　과자와 음료수입니다.

해설　본문 둘째 줄부터 끝까지의 내용에서 답을 찾을 수 있다. 과자와 물을 갖고 오라고 했고, 돈은 필요 없다고 했으니 답은 4번이 된다.

실전 문제 07 오본

もんだい つぎの ぶんを 読んで しつもんに こたえて ください。こたえは 1・2・3・4から いちばん いい ものを 一つ えらんで ください。

　人びとは、おぼんに なると、なくなった かぞくが うちへ かえって くると かんがえて います。この おぼんの 間、人びとは 食べ物 などを よういして、なくなった 方を うちに むかえるのです。

しつもん おぼんに ついて ただしいのは どれですか。

1　おぼんには なくなった かぞくが うちへ かえって きます。

2　おぼんに なると なくなった 方と いっしょに ごはんを 食べます。

3　おぼんに なると 人びとは 食べ物 などを よういします。

4　おぼんには なにも しないです。

> 해석 및 해설 **07 오본**

지문 해석

사람들은 오본이 되면 돌아가신 가족이 집으로 돌아온다고 생각합니다. 이 오본 동안 사람들은 음식 등을 준비하여 돌아가신 분을 집으로 맞이하는 것입니다.

단어

人びと 사람들 | おぼん 오본, 백중맞이(음력 7월 보름) | ～に なる ～이 되다 | なくなる 죽다 | かぞく 가족 | うち 집 | かえって くる 돌아오다 | かんがえる 생각하다 | ～の 間 ～동안 | 食べ物 먹을 것, 음식 | ～など ～등 | よういする 준비하다 | 方 분 | むかえる 맞이하다 | ～について ～에 대해서 | ただしい 올바르다 | どれ 어느 것 | ～と いっしょに ～와 함께 | ごはん 밥 | 食べる 먹다 | ～には ～에는 | なにも 아무것도

문제 해설

> 문 오본에 대해 바른 것은 어느 것입니까?
> 1 오본에는 돌아가신 가족이 집으로 돌아옵니다.
> 2 오본이 되면 돌아가신 분과 함께 밥을 먹습니다.
> 3 오본이 되면 사람들은 음식 등을 준비합니다.
> 4 오본에는 아무것도 하지 않습니다.

해설 둘째 줄 [この おぼんの 間、人びとは 食べ物 などを よういして]에서 답이 3번임을 알 수 있다. 돌아가신 가족이 집으로 돌아오는 것은 사실이 아니라 그렇게 생각하고 있는 것뿐이다.

실전 문제 08 나의 일본어 학교

もんだい つぎの ぶんを 読んで しつもんに こたえて ください。こたえは 1・2・3・4から いちばん いい ものを 一つ えらんで ください。

日本語学校は、新大久保に あります。あまり 大きく ないですが、あたらしい たてものです。学生は、ぜんぶで 60人ぐらい います。いろいろな 国の 学生が います。みんな、わたしの いい ともだちです。

しつもん 日本語学校に ついて、ただしいのは どれですか。

1 あたらしい たてものですが、そんなに 大きく ないです。
2 学校の せんせいは、ぜんぶで 60人 います。
3 いろいろな 国から、せんせいが 来ます。
4 学生は みんな わたしと おなじ 国の いい ともだちです。

> 해석 및 해설   **08 나의 일본어 학교**

지문 해석

일본어 학교는 신오쿠보에 있습니다. 그다지 크지 않지만 새 건물입니다. 학생은 전부 해서 60명 정도 있습니다. 여러 나라의 학생이 있습니다. 모두 나의 좋은 친구들입니다.

단어

日本語学校(にほんごがっこう) 일본어 학교 | **新大久保**(しんおおくぼ) 신오쿠보〈지명〉 | **～に ある** ~에 있다 | **あまり～ない** 그다지 ~않다 | **大きい**(おお) 크다 | **あたらしい** 새로운, 새롭다 | **たてもの** 건물 | **学生**(がくせい) 학생 | **ぜんぶで** 전부 해서 | **～人**(にん) ~명 | **～ぐらい** ~정도 | **いろいろな** 여러 가지의, 다양한 | **国**(くに) 나라 | **みんな** 모두 | **いい** 좋은, 좋다 | **ともだち** 친구 | **そんなに** 그렇게 | **せんせい** 선생님 | **来ます**(き) 옵니다〈기본형 来る〉 | **おなじ** 같은, 같음

문제 해설

문 일본어 학교에 대해 바른 것은 어느 것입니까?

1 새 건물이지만 그렇게 크지 않습니다.
2 학교 선생님은 전부 해서 60명 있습니다.
3 여러 나라에서 선생님이 옵니다.
4 학생은 모두 나와 같은 나라의 좋은 친구들입니다.

해설 선택지 1번은 첫째 줄 [あまり 大きく ないですが、あたらしい たてものです]에서 순서만 바꾼 것으로 정답이다. 2번은 선생님이 아니라 학생이 60명이므로 오답이다. 3번, 4번 역시 여러 나라에서 선생님이 오는 것이 아니라 여러 나라의 학생들이고, 같은 나라의 친구들이 아니므로 오답이다.

> 실전 문제 **09** 일본어 문자

もんだい つぎの ぶんを 読んで しつもんに こたえて ください。
こたえは 1・2・3・4から いちばん いい ものを 一つ えらんで ください。

日本人が 毎日 つかって いる 文字には、かんじと、ひらがなと、かたかなが あります。ローマ字も ありますが、文の 中では あまり つかいません。

ことばの 音は ひらがなと かたかなで 書く ことが できます。

しつもん 日本語の 音を 文字に する とき、つかうのは どれですか。

1 かんじです。
2 ひらがなと かたかなです。
3 ローマ字です。
4 すうじです。

해석 및 해설 | 09 일본어 문자

지문 해석

일본인이 매일 사용하고 있는 문자에는 한자와 히라가나, 가타카나가 있습니다. 로마자도 있지만 문장 속에서는 그다지 사용하지 않습니다.

단어의 음은 가나로 쓸 수 있습니다.

단어

日本人(にほんじん) 일본인 | つかう 사용하다 | 文字(もじ) 문자 | かんじ 한자 | ひらがな 히라가나 | かたかな 가타카나 | ローマ字(じ) 로마자 | 文(ぶん)の中(なか) 문장 속 | ~では ~에서는 | あまり~ない 그다지 ~지 않다 | ことば 말, 단어 | 音(おと) 음, 소리 | ~で ~으로〈수단〉 | 書(か)く 쓰다 | ~ことが できる ~할 수 있다 | ~にする ~으로 하다 | ~とき ~때 | ~の ~것 | すうじ 숫자

문제 해설

문 일본어 음을 문자로 할 때 사용하는 것은 무엇입니까?
1 한자입니다.
2 히라가나와 가타카나입니다.
3 로마자입니다.
4 숫자입니다.

해설 마지막 문장 [ことばの 音は ひらがなと かたかなで 書く ことが できます]에서 답이 2번임을 알 수 있다.

실전 문제 10 　전화로 이야기할 때

もんだい　つぎの　ぶんを　読んで　しつもんに　こたえて　ください。
こたえは　1・2・3・4から　いちばん　いい　ものを　一つ　えらんで　ください。

電話で　話を　聞く　とき、まちがえる　ことが　よく　あります。とくに　ばんごうや　日にちは　とても　そうです。そんな　ときは、もう　一度　言って　もらえば　いいです。聞くのは　はずかしいですが、まちがえないように　するのが　大切です。

しつもん　電話で　話を　聞く　とき、どう　すれば　いいですか。

1　まちがえた　ときは、もう　一度、聞く　ほうが　いいです。
2　まちがえると　はずかしいので、聞かない　ほうが　いいです。
3　電話で　ばんごうや　日にちは　聞かない　ほうが　いいです。
4　電話で　聞くのは　はずかしいので、聞かない　ほうが　いいです。

해석 및 해설 10 전화로 이야기할 때

지문 해석

전화로 이야기를 들을 때, 잘못 듣는 경우가 자주 있습니다. 특히 번호나 날짜는 더욱 그렇습니다. 그럴 때는 한 번 더 물어 보는 것이 좋습니다. 묻는 것은 부끄럽지만, 틀리지 않도록 하는 것이 중요합니다.

단어

電話 전화 | 話 이야기 | 聞く 듣다, 묻다 | まちがえる 잘못 알다, 착각을 하다 | ～ことが ある ～할 때가 있다 | とくに 특히 | ばんごう 번호 | ～や ～나, ～와 | 日にち 날짜 | そんな 그런 | もう 一度 한 번 더 | 言う 말하다 | ～て もらう (～에게) ～해 받다, ～가 ～해 주다 | ～ば いい ～하면 된다 | はずかしい 부끄럽다 | ～が ～만〈역접〉 | ～ないように する ～하지 않도록 하다 | 大切だ 중요하다 | ～ほうが いい ～하는 편이 좋다 | ～と ～하면〈가정〉 | ～ので ～때문에

문제 해설

문 전화로 이야기를 들을 때 어떻게 하는 것이 좋습니까?
1 틀렸을 때는 한 번 더 묻는 편이 좋습니다.
2 틀리면 부끄러우니까 묻지 않는 편이 좋습니다.
3 전화로 번호나 날짜는 묻지 않는 편이 좋습니다.
4 전화로 묻는 것은 부끄러우니까 묻지 않는 편이 좋습니다.

해설 필자는 전화로는 번호나 날짜를 잘못 듣는 경우가 종종 있는데, 그럴 때는 한 번 더 묻는 것이 좋다고 했으므로 답은 1번이 된다.

| 실전 문제 | **11 정전에 대한 공지** |

もんだい　つぎの ぶんを 読んで しつもんに こたえて ください。こたえは 1・2・3・4から いちばん いい ものを 一つ えらんで ください。

　アパートの みなさんに おしらせします。らいしゅうの 火よう日、あさ 9時から ごぜん中、でんきが とまります。エレベーターも うごきませんから、かいだんを つかって ください。

しつもん　この アパートの 人は、らいしゅうの 火よう日、そとに 出る とき どうしますか。

1　ごご 1時に そとに 出る 人は エレベーターを つかいません。
2　ごご 1時に そとに 出る 人は かいだんを つかいます。
3　ごぜん 10時に そとに 出る 人は かいだんを つかいます。
4　ごぜん 10時に そとに 出る 人は エレベーターを つかいます。

해석 및 해설   11 정전에 대한 공지

지문 해석

아파트 주민 여러분께 알려 드립니다. 다음 주 화요일, 아침 9시부터 오전 중 전기가 끊깁니다. 엘리베이터도 움직이지 않으니 계단을 이용해 주십시오.

단어

アパート 아파트 | みなさん 여러분 | しらせる 알리다 | お~する ~하다〈겸양〉 | らいしゅう 다음 주 | 火よう日 화요일 | あさ 아침 | ごぜん中 오전 중 | でんき 전기 | とまる 끊어지다, 두절되다 | エレベーター 엘리베이터 | うごく 움직이다 | ~から ~이니까〈이유〉 | かいだん 계단 | つかう 사용하다 | ~て ください ~해 주세요 | ごご 오후 | そとに 出る 밖으로 나가다 | どう 어떻게

문제 해설

문 이 아파트에 사는 사람은 다음 주 화요일에 밖으로 나갈 때 어떻게 합니까?

1 오후 1시에 밖으로 나가는 사람은 엘리베이터를 이용하지 않습니다.
2 오후 1시에 밖으로 나가는 사람은 계단을 이용합니다.
3 오전 10시에 밖으로 나가는 사람은 계단을 이용합니다.
4 오전 10시에 밖으로 나가는 사람은 엘리베이터를 이용합니다.

해설 알림 내용을 보면 아침 9시부터 12시까지(오전 중) 엘리베이터를 이용할 수 없으니 정답은 3번이 된다.

| 실전 문제 | **12** 가마쿠라

もんだい つぎの ぶんを 読んで しつもんに こたえて ください。
こたえは 1・2・3・4から いちばん いい ものを 一つ えらんで ください。

　かまくらは、とうきょうの 南、50キロぐらいの ところに あります。まちの 北と 東と 西には 山が あって、南には 海が あります。木や はなが たくさん あって、しずかで、きれいな まちです。

しつもん　かまくらは どんな ところですか。

1　かまくらは、とうきょうの 西に あります。
2　まちの 3面が 山で、南には 海が あります。
3　人口が おおくて とても にぎやかです。
4　となりの まちと 50キロ はなれて います。

해석 및 해설 12 가마쿠라

지문 해석

　가마쿠라는 도쿄의 남쪽 50킬로미터 정도 떨어진 곳에 있습니다. 마을의 북쪽과 동쪽, 서쪽에는 산이 있고 남쪽에는 바다가 있습니다. 나무나 꽃이 많고 조용하며 아름다운 마을입니다.

단어

かまくら 가마쿠라〈지명〉 | とうきょう 도쿄〈지명〉 | 南(みなみ) 남쪽 | キロ 킬로미터 | ～ぐらい ～정도 | ところ 곳 | まち 마을 | 北(きた) 북쪽 | 東(ひがし) 동쪽 | 西(にし) 서쪽 | ～には ～에는 | 山(やま) 산 | 海(うみ) 바다 | 木(き) 나무 | ～や ～나 | はな 꽃 | たくさん 많이 | しずかだ 조용하다 | きれいだ 예쁘다, 아름답다 | どんな 어떤 | 3面(さんめん) 3면 | 人口(じんこう) 인구 | おおい 많다 | にぎやかだ 번화하다, 떠들썩하다 | となり 이웃, 옆 | はなれる 떨어지다, 벌어지다

문제 해설

문　가마쿠라는 어떤 곳입니까?

1　가마쿠라는 도쿄의 서쪽에 있습니다.
2　마을의 3면이 산이고 남쪽에는 바다가 있습니다.
3　인구가 많고 매우 번화합니다.
4　옆 마을과 50킬로미터 떨어져 있습니다.

해설　1번 선택지는 도쿄의 남쪽이므로 오답이고, 3번 선택지는 본문에 많다고 한 것은 나무와 꽃이며 조용한 곳이라고 했으니 오답이다. 4번 선택지는 이웃 마을이 아니라 도쿄에서 50킬로미터 떨어져 있다고 했으니 오답이다. 따라서 답은 둘째 줄 [まちの 北と 東と 西には 山が あって、南には 海が あります]에서 알 수 있듯이 2번이다.

| 실전 문제 | **13 성인의 날**

もんだい　つぎの　ぶんを　読んで　しつもんに　こたえて　ください。
　　　　　こたえは　1・2・3・4から　いちばん　いい　ものを　一つ
　　　　　えらんで　ください。

　きょうは　「せいじんの　日」なので、町には　20歳に　なった　おいわいを　する　わかい　人々が　たくさん　います。でも　「せいじんの　日」は　ほんとうは　たのしむ　日では　ないです。この　日は　おとなに　なった　いみを　よく　かんがえる　日です。

しつもん　「せいじんの　日」は　どんな　日ですか。

1　おとなだから　なんでも　自分で　やらなければ　ならない　日です。

2　町で　あつまって　20歳に　なった　ことを　たのしむ　日です。

3　町の　わかい　人が　いっしょに　あそびに　行く　日です。

4　おとなに　なった　いみを　よく　かんがえなければ　ならない　日です。

해석 및 해설 | 13 성인의 날

지문 해석

오늘은 '성인의 날'이라서 거리에는 스무 살이 된 것을 축하하는 젊은 사람들이 많이 있습니다. 그러나 '성인의 날'은 사실은 즐기는 날이 아닙니다. 이날은 어른이 된 의미를 깊이 생각하는 날입니다.

단어

きょう 오늘 | せいじんの 日 성인의 날 | 町 마을, 거리 | 20歳(はたち) 스무 살 | ～に なる ～이 되다 | おいわい 축하 | わかい 젊다 | 人々(ひとびと) 사람들 | でも 하지만 | ほんとう 정말, 사실 | たのしむ 즐기다 | ～ではない ～이 아니다 | おとな 어른 | いみ 의미 | よく 잘, 깊이, 충분히 | かんがえる 생각하다 | なんでも 뭐든지 | 自分で(じぶんで) 스스로 | やる 하다 | ～なければ ならない ～하지 않으면 안 되다, ～해야 하다 | あつまる 모이다 | あそびに 行(い)く 놀러 가다

문제 해설

> 문 '성인의 날'은 어떤 날입니까?
> 1 어른이니까 뭐든지 스스로 하지 않으면 안 되는 날입니다.
> 2 거리에 모여 스무 살이 된 것을 즐기는 날입니다.
> 3 마을의 젊은 사람들이 함께 놀러 가는 날입니다.
> 4 어른이 된 의미를 깊이 생각하지 않으면 안 되는 날입니다.

해설 본문의 마지막 문장 [この 日は おとなに なった いみを よく かんがえる 日です]에서 답이 4번임을 알 수 있다.

> 실전 문제 **14** 추분

もんだい つぎの ぶんを 読んで しつもんに こたえて ください。
こたえは 1・2・3・4から いちばん いい ものを 一つ えらんで ください。

もう 秋に なりました。秋には 「しゅうぶん」と いう 日が あります。この 日は、ひると よるの ながさが おなじに なります。この 「しゅうぶん」が すぎると、だんだん ひるの ながさが みじかく なって いきます。

しつもん　「しゅうぶん」は どんな 日ですか。

1　よるの ながさが いちばん みじかい 日
2　ひると よるの ながさが おなじに なる 日
3　よるの ながさが いちばん ながい 日
4　ひるの ながさが いちばん ながい 日

> 해석 및 해설 **14 추분**

> 지문 해석

　벌써 가을이 되었습니다. 가을에는 '추분'이라는 날이 있습니다. 이날은 낮과 밤의 길이가 같아집니다. 이 '추분'이 지나면 점점 낮의 길이가 짧아져 갑니다.

> 단어

もう 벌써　|　秋(あき) 가을　|　しゅうぶん 추분〈절기〉　|　～と いう ～라는　|　ひる 낮　|　よる 밤　|　ながさ 길이　|　おなじに なる 같아지다　|　すぎる 지나다　|　～と ～하면　|　だんだん 점점　|　みじかい 짧다　|　～く なって いく ～해져 가다　|　いちばん 제일, 가장　|　ながい 길다

> 문제 해설

문	'추분'은 어떤 날입니까?
1	밤의 길이가 가장 짧은 날
2	**낮과 밤의 길이가 같아지는 날**
3	밤의 길이가 가장 긴 날
4	낮의 길이가 가장 긴 날

해설　둘째 줄 [ひると よるの ながさが おなじに なります]에서 답이 2번임을 알 수 있다.

실전 문제 15 지진

もんだい つぎの ぶんを 読んで しつもんに こたえて ください。こたえは 1・2・3・4から いちばん いい ものを 一つ えらんで ください。

　じしんが いつ 起きるのか、知る ことは むずかしいです。むかしから、動物が うるさく ないたり、食べものを 食べなく なったり すれば、じしんが 起きると いう 話も あります。しかし、ほんとうか どうか、まだ わからない ことが たくさん あります。

しつもん　むかしは、いつ じしんが 起きると 思いましたか。

1　食べものが なくなった とき じしんが 起きると 思いました。
2　とりが うるさくする とき じしんが 起きると 思いました。
3　じしんが 起きるのは すぐ わかりました。
4　いつ じしんか 起きるのか 知りませんでした。

해석 및 해설 | 15 지진

지문 해석

지진이 언제 일어나는지 아는 것은 어렵습니다. 옛날부터 동물이 시끄럽게 울거나 먹이를 먹지 않게 되거나 하면, 지진이 일어난다는 이야기도 있습니다. 그러나 사실인지 아닌지 아직 알지 못하는 것이 많이 있습니다.

단어

じしん 지진 | いつ 언제 | 起きる 일어나다 | ~のか ~인지 | 知る 알다 | むずかしい 어렵다 | むかし 옛날 | 動物 동물 | うるさい 시끄럽다 | なく 울다 | ~たり~たり する ~하거나 ~하거나 하다 | 食べもの 음식, 먹을 것, 먹이 | 食べる 먹다 | ~くなる ~해지다 | ~と いう ~라는 | 話 이야기 | しかし 그러나 | ほんとう 정말, 진짜 | ~か どうか ~인지 아닌지 | まだ 아직 | わかる 알다 | たくさん 많이 | ~と 思う ~라고 생각하다 | ~とき ~때 | とり 새 | すぐ 바로, 당장

문제 해설

> 문 옛날에는 언제 지진이 일어난다고 생각했습니까?
> 1 먹을 것이 없어졌을 때 지진이 일어난다고 생각했습니다.
> **2** 새가 시끄럽게 할 때 지진이 일어난다고 생각했습니다.
> 3 지진이 일어나는 것은 바로 알았습니다.
> 4 언제 지진이 일어나는지 몰랐습니다.

해설 둘째 줄 [むかしから、動物が うるさく ないたり、食べものを 食べなく なったり すれば、じしんが 起きると いう 話も あります]에서 답이 2번임을 알 수 있다. 옛날을 물어보고 있는 데에 주의하자.

2 | 내용 이해 – 중문 공략하기

> **문제 유형 분석**

내용 이해 – 중문은 일상적으로 사용하는 화제, 장면 등을 소재로 하여 쉽게 쓴 250자 정도의 글로, 읽은 내용을 충분히 이해할 수 있는지 묻는 문제이다. 각 지문당 2문항이 출제된다. 총 1지문 2문항이 출제되며 문제 풀이 시간은 10분에서 13분 내이다.

> **문제 풀이 비법**

1. 한 지문당 2문항이 출제되며, 대부분 글의 충분한 이해력을 묻는 문제와 밑줄 친 부분의 의미를 묻는 문제가 출제된다.
2. 단락별로 하고자 하는 이야기를 파악하면 된다. 기본적으로, 첫 번째 단락은 말하고자 하는 주제를 들 것이고, 두 번째 단락은 그에 대한 설명, 마지막 단락은 결론으로 구성된다. 단락마다 이야기하고자 하는 것은 하나이므로, 접속 표현 등에 주의하면 생각보다 쉽게 글 전체를 이해할 수 있다.
3. 〈필자가 가장 말하고 싶어 하는 것은 무엇인가?〉와 같이 전체 내용을 파악하는 문제나, 〈내용에 맞는 것은 무엇인가?〉 〈밑줄 친 부분의 의미는 무엇인가?〉 등을 주의 깊게 읽어야 하는 문제가 제시된다. 계절·인물·시간 등의 문제는 앞뒤 내용을 파악하면 쉽게 풀 수 있다.
4. N5는 글자 수가 많지 않으므로 문제부터 읽고 나서 내용 파악에 들어가는 것도 좋은 방법이다. 하나하나 대입시켜 가면서 분석해도 시간 여유가 있을 것이다.

실전 문제 **01 유럽 여행**

もんだい つぎの ぶんを 読んで しつもんに こたえて ください。こたえは 1・2・3・4から いちばん いい ものを 一つ えらんで ください。

　わたしは 今年の 夏休みに ヨーロッパ 旅行に 行く つもりです。だから、去年から アルバイトを して お金を ためて います。アジアの 国々には 何回か 行った ことが ありますが、ヨーロッパは 初めてで とても どきどきします。スイスに 行って 山登りを したいし、フランスの びじゅつかんにも 行きたいです。もちろん おいしい ものも たくさん 食べる つもりです。いろいろな けいかくを たてて いると、とても 楽しいですが、(　　　　　)。たとえば、ことばが わからなくて 行きたい ところに 行けなく なったり、一人で 行くのに たいちょうが わるく なったり すると 大変でしょう。だから 旅行の 前に 行きたい ところを ちゃんと しらべたり 英語を べんきょうしたり する つもりです。

しつもん1 (　　　)に 何を 入れたら いいですか。

1　すこし　さびしいです
2　すこし　うらやましいです
3　すこし　やさしいです
4　すこし　ふあんです

しつもん2 本文の ないように 合って いる ものは どれですか。

1　一人で 旅行するのが 初めてです。
2　去年、お金を ためて ヨーロッパに 行って きました。
3　フランスで 山登りに 行って みたいと 思って います。
4　がいこくに 何回か 行った ことが あります。

해석 및 해설 01 유럽 여행

지문 해석

저는 올해 여름방학에 유럽 여행을 갈 생각입니다. 그래서 작년부터 아르바이트를 하며 돈을 모으고 있습니다. 아시아 나라들은 몇 번인가 가 본 적이 있지만, 유럽은 처음이라서 매우 떨립니다. 스위스에 가서 등산도 하고 싶고, 프랑스 미술관에도 가고 싶습니다. 물론 맛있는 것도 많이 먹을 생각입니다. 여러 계획을 세우고 있으면 너무 즐겁지만, (   ). 예를 들면, 말을 이해 못해서 가고 싶은 곳에 가지 못하거나 혼자 가는데 몸 상태가 나빠지거나 하면 큰일이잖아요. 그래서 여행 전에 가고 싶은 곳을 제대로 알아보거나 영어 공부를 하거나 할 생각입니다.

단어

今年 올해 | 夏休み 여름방학, 여름휴가 | ヨーロッパ 유럽 | 旅行 여행 | ～つもりです ～할 생각입니다 | 去年 작년 | アルバイト 아르바이트 | お金 돈 | ためる 모으다 | アジア 아시아 | 国々 나라들 | 何回 몇 번 | ～た ことが あります ～한 적이 있습니다 | 初めて 처음 | どきどきする 두근두근하다 | スイス 스위스 | 山登り 등산 | フランス 프랑스 | びじゅつかん 미술관 | もちろん 물론 | いろいろな 여러 가지의, 다양한 | けいかくを たてる 계획을 세우다 | 楽しい 즐겁다 | たとえば 예를 들면 | ことば 단어, 말 | ～たり ～하거나 | たいちょう 몸 상태 | わるい 나쁘다 | 大変だ 힘들다, 큰일이다 | ちゃんと 제대로 | しらべる 조사하다 | 英語 영어 | べんきょうする 공부하다 | さびしい 쓸쓸하다 | うらやましい 부럽다 | やさしい 쉽다 | ふあんだ 불안하다 | がいこく 외국

문제 해설

문1 (　　　)에 무엇을 넣으면 됩니까?

1. 조금 쓸쓸합니다
2. 조금 부럽습니다
3. 조금 쉽습니다
4. 조금 불안합니다

해설 (　) 부분 뒤의 내용을 보면, 말을 이해 못해서 가고 싶은 곳에 못 가거나 몸 상태가 나빠지는 상황을 염려하고 있다. 그러므로 4번이 자연스러운 내용이 된다.

문2 본문의 내용과 일치하는 것은 무엇입니까?

1. 혼자서 여행 가는 것이 처음입니다.
2. 작년에 돈을 모아서 유럽에 다녀왔습니다.
3. 프랑스에서 등산을 하고 싶다고 생각하고 있습니다.
4. 외국에 몇 번인가 가 본 적이 있습니다.

해설 1번, 유럽 여행은 혼자 간다고 나와 있지만 이전에 여행을 혼자 갔는지는 본문에서 확인할 수 없다. 2번, 올해 여름방학에 유럽에 가려고 돈을 모으고 있으며, 3번, 스위스에 가서 등산을 하고 싶다고 했으므로 오답이다.

실전 문제 02 다이어트

もんだい つぎの ぶんを 読んで しつもんに こたえて ください。こたえは 1・2・3・4から いちばん いい ものを 一つ えらんで ください。

スリムな 体を 作るには ピザや ハンバーガー などの インスタントフードを 食べない ことも じゅうようですが、少しでも 体を 動かす ことが 一番です。近くに 行く 時は 車より 歩いて 行って、よく へやの そうじを するのも うんどうに なるでしょう。ジムに 行かなくても うんどうは できるのです。ダイエットは 一生 しなければ ならないので、生活の 中で かんたんに できるくらいが いいです。家で 本を 読んだり 映画を みたり する しゅみよりは 外で できる バドミントンや 買い物 などの しゅみを 持って いると いいでしょう。食べ物に 気を つけながら 体を 動かすように すれば スリムに なるのは もちろん、今より 元気に なる はずです。

しつもん1 スリムな 体を 作るには 何を しなければ なりませんか。

1 一生 ジムに かよわなければ なりません。
2 生活の 中で うんどうを しなければ なりません。
3 やさいだけ 食べなければ なりません。
4 毎日 外に 出て バドミントンを しなければ なりません。

しつもん2 体を 動かす しゅみとして 正しい ものは どれですか。

1 家で 料理を する こと
2 家で 本を 読む こと
3 外で 映画を 見る こと
4 デパートで 買い物を する こと

해석 및 해설 02 다이어트

지문 해석

　날씬한 몸을 만들기 위해서는 피자나 햄버거 등의 인스턴트 식품을 먹지 않는 것도 중요하지만, 조금이라도 몸을 움직이는 것이 최고입니다. 가까운 곳에 갈 때는 차보다는 걸어서 가고, 자주 방 청소를 하는 것도 운동이 되겠죠. 헬스장에 가지 않아도 운동은 할 수 있습니다. 다이어트는 평생 하지 않으면 안 되기 때문에 생활 속에서 간단하게 할 수 있는 정도가 좋습니다. 집에서 책을 읽거나 영화를 보거나 하는 취미보다는 밖에서 할 수 있는 배드민턴이나 쇼핑 등의 취미를 가지고 있으면 좋겠죠. 먹는 것을 조심하면서 몸을 움직이도록 한다면 날씬해지는 것은 물론, 지금보다 건강해질 것입니다.

단어

スリムだ 날씬하다 | 体 몸 | 作る 만들다 | ピザ 피자 | ハンバーガー 햄버거 | ～などの ～등의 | インスタントフード 인스턴트 음식 | じゅうよう 중요 | 少し 조금, 약간 | 動かす 움직이다, 움직이게 하다 | 一番 1번, 가장, 최고 | 近く 근처, 가까운 곳 | ～より ～보다 | 歩く 걷다 | よく 자주 | へや 방 | そうじ 청소 | うんどう 운동 | なる 되다 | ジム 헬스장 | できる 가능하다 | ダイエット 다이어트 | 一生 평생 | ～なければ ならない ～해야 하다 | 生活 생활 | かんたんに 간단히, 쉽게 | ～くらい ～정도 | ～たり ～하거나 | 映画 영화 | しゅみ 취미 | 外 밖 | バドミントン 배드민턴 | 買い物 쇼핑, 장보기 | 食べ物 음식 | 気を つける 주의하다, 조심하다 | ます형+ながら ～하면서 | もちろん 물론 | ～はずだ ～일 것이다 | かよう 다니다 | やさい 야채 | 出る 나가다 | 料理 요리

문제 해설

문1 날씬한 몸을 만들기 위해서는 무엇을 해야 합니까?

1. 평생 헬스장을 다녀야 합니다.
2. **생활 속에서 운동을 해야 합니다.**
3. 야채만 먹어야 합니다.
4. 매일 밖에 나가서 배드민턴을 해야 합니다.

해설 본문에서 날씬한 몸을 만들기 위해서는 몸을 움직이는 것이 최고라고 말하며 헬스장에 가지 않아도 가까운 곳에 걸어가거나 방 청소를 하는 것도 운동이 된다고 하였다. 또한, 본문 여섯째 줄 [ダイエットは 一生 しなければ ならないので、生活の 中で かんたんに できるくらいが いいです] 부분을 보면 2번이 정답임을 할 수 있다.

문2 몸을 움직이는 취미로서 옳은 것은 무엇입니까?

1. 집에서 요리를 하는 것
2. 집에서 책을 읽는 것
3. 밖에서 영화를 보는 것
4. **백화점에서 쇼핑을 하는 것**

해설 본문 여덟째 줄 [家で 本を 読んだり 映画を みたり する しゅみよりは 外で できる バドミントンや 買い物 などの しゅみを 持って いると いいでしょう] 부분을 보면 몸을 움직이는 취미의 예를 볼 수 있다.

> 실전 문제 03 봉사 활동

もんだい　つぎの ぶんを 読んで しつもんに こたえて ください。こたえは 1・2・3・4から いちばん いい ものを 一つ えらんで ください。

　わたしの 会社では 会社の 人 みんなで 月に 一回 ボランティアを します。公園の そうじを したり、老人ホームに 行って いろいろ 手伝ったり します。ボランティアは 仕事を しない 日に しますので、土ようびか 日ようびに します。さいしょは 休みの 日に ボランティアを しに 行くのが 本当に いやでした。でも ボランティアを した あとは とても 気分が よく なりました。わたしにも なにか できる ことが あると 思えて うれしく なりました。きれいに なった 公園を 見て もっと きれいに したいと 思いました。からだが 不自由な おばあさんや おじいさんを 手伝って みんなの えがおを 見たら わたしも しあわせに なりました。これからも 長く したいです。

しつもん 1 この 人は なにを して いますか。

1 家族(かぞく)と いっしょに 公園(こうえん)に 行(い)って ゴミを ひろいます。
2 友達(ともだち)と いっしょに 老人(ろうじん)ホームに 行(い)って ごはんを 作(つく)ります。
3 会社(かいしゃ)の 人と いっしょに 公園(こうえん)の そうじを したり、としよりの 人の めんどうを 見(み)ます。
4 仕事(しごと)が 終(お)わってから 毎日(まいにち) ボランティアを します。

しつもん 2 この 人は ボランティアに ついて どう 思(おも)って いますか。

1 休(やす)みの 日(ひ)に するから とても いやだと 思(おも)って います。
2 会社(かいしゃ)の ためだから しかたないと 思(おも)って います。
3 仕事(しごと)より ボランティアの 方(ほう)が 楽(たの)しいと 思(おも)って います。
4 さいしょは いやでしたが、今(いま)は うれしく 思(おも)って います。

해석 및 해설 03 봉사 활동

지문 해석

　우리 회사에서는 회사 사람들 다 같이 한 달에 한 번 봉사 활동을 합니다. 공원 청소를 하기도 하고 양로원에 가서 이것저것 돕기도 합니다. 봉사 활동은 일을 하지 않는 날에 하기 때문에 토요일이나 일요일에 합니다. 처음에는 쉬는 날에 봉사 활동을 하러 가는 것이 정말로 싫었습니다. 하지만 봉사 활동을 한 후에는 매우 기분이 좋아졌습니다. 나도 뭔가 할 수 있는 일이 있다고 생각돼서 기뻐졌습니다. 깨끗해진 공원을 보고 더 깨끗하게 하고 싶다고 생각했습니다. 몸이 불편하신 할머니와 할아버지를 도와 모두의 웃는 얼굴을 보니 저도 행복해졌습니다. 앞으로도 계속 하고 싶습니다.

단어

会社 회사 | 月に 한 달에 | 一回 한 번 | ボランティア 봉사 활동, 자원봉사 | 公園 공원 | そうじ 청소 | 老人ホーム 양로원 | 行く 가다 | いろいろ 여러 가지 | 手伝う 돕다 | 仕事 일 | さいしょ 처음 | 休みの日 쉬는 날 | 本当に 정말로 | いやだ 싫다 | 気分が よく なる 기분이 좋아지다 | 思える 여겨지다 | うれしく なる 기뻐지다 | きれいに なる 깨끗해지다 | 見る 보다 | もっと 더, 더욱 | からだ 몸 | 不自由な 불편한 | えがお 웃는 얼굴 | しあわせに なる 행복해지다 | これからも 앞으로도 | 長く 길게 | 家族 가족 | いっしょに 함께 | ゴミを ひろう 쓰레기를 줍다 | 友達 친구 | ごはんを 作る 밥을 짓다, 밥을 하다 | としより 노인, 어르신 | めんどうを 見る 보살피다 | 終わる 끝나다 | 毎日 매일 | ~のため ~를 위함 | しかたない 하는 수 없다

문제 해설

문1 이 사람은 무엇을 하고 있습니까?

1. 가족과 함께 공원에 가서 쓰레기를 줍습니다.
2. 친구와 함께 양로원에 가서 밥을 짓습니다.
3. **회사 사람과 함께 공원 청소를 하기도 하고 어르신들을 보살피기도 합니다.**
4. 일이 끝나고 나서 매일 봉사 활동을 합니다.

해설 회사 사람들과 함께 한 달에 한 번 공원에 가서 청소를 하거나 양로원에 가서 이것저것 돕는 봉사 활동을 한다고 했다. 그러므로 정답은 3번이 된다.

문2 이 사람은 봉사 활동에 대해서 어떻게 생각하고 있습니까?

1. 쉬는 날에 하기 때문에 너무 싫다고 생각하고 있습니다.
2. 회사를 위해서 어쩔 수 없다고 생각하고 있습니다.
3. 일보다 봉사 활동이 더 즐겁다고 생각합니다.
4. **처음에는 싫었지만 지금은 기쁘게 생각하고 있습니다.**

해설 쉬는 날인 토요일이나 일요일에 봉사 활동을 해서 처음에는 싫었지만 봉사 활동을 하고 난 후에 기분이 좋아졌고 자신에게도 뭔가 할 수 있는 일이 있어서 기뻤다고 했으므로 정답은 4번이 된다.

실전 문제 04 기다림

もんだい　つぎの　ぶんを　読んで　しつもんに　こたえて　ください。こたえは　1・2・3・4から　いちばん　いい　ものを　一つ　えらんで　ください。

　家で　かぞく　みんなで　しょくじを　すると、いちばん　はやく　おわるのは　子どもです。そんな　とき、「おわったから　テレビを　見ても　いい」、「ゲームを　しても　いい」と　いう　おかあさんが　多いです。おとなが　おわるのを　「待つ」　ことは　すくないのでは　ないでしょうか。
　家で　待つ　ことを　しらない　子どもが　そとで　なにかを　「待つ」ことが　できるのでしょうか。うちの　ようちえんの　子どもたちも、すこし　前までは　「待つ」　ことを　しらなくて、なんども　先生から　「待ちなさい」「ならばないと　いちばん　さいごに　なって　しまいますよ」　などと　言われましたが、今は、待つ　ことが　じょうずに　できるように　なりました。

しつもん1 この ぶんを 書いた ひとは だれですか。

1 子どもの おかあさんです。
2 ようちえんの 先生です。
3 ようちえんで はたらく おかあさんです。
4 しょうがっこうの 子どもです。

しつもん2 この ぶんを 書いた ひとが、いちばん 言いたいのは どれですか。

1 家で 子どもが テレビを 見たり、ゲームを したり するのは だめです。
2 待たない 子どもには、ごはんを あげないと 待つように なります。
3 先生が 子どもに なんども おしえたら、じょうずに 待つように なります。
4 先生が 子どもに おしえても、家で おしえないと わかりません。

해석 및 해설　04 기다림

지문 해석

　집에서 가족과 함께 식사를 하면 가장 빨리 먹는 사람은 아이입니다. 그럴 때 "다 먹었으니까 텔레비전 봐도 돼, 게임 해도 돼."라고 하는 엄마가 많습니다. 어른이 식사를 끝내는 것을 '기다리는' 일은 적지 않을까요?

　집에서 기다리는 것을 모르는 아이가 밖에서 무언가를 기다릴 수 있을까요? 우리 유치원 아이들도 얼마 전까지는 '기다리는' 것을 몰라서 몇 번이나 선생님께 '기다리세요' '줄 서지 않으면 제일 나중에 하게 돼요'라는 말을 들었지만, 지금은 기다리는 것을 잘할 수 있게 되었습니다.

단어

家で 집에서 | かぞく 가족 | みんなで 모두가, 함께 | しょくじを する 식사를 하다 | ～と ～하면 | いちばん 제일, 가장 | はやく 빨리 | おわる 끝나다 | 子ども 아이, 어린이 | テレビを 見る TV를 보다 | ～ても いい ～해도 되다 | ゲームを する 게임을 하다 | おかあさん 엄마, 어머니 | 多い 많다 | おとな 어른 | 待つ 기다리다 | すくない 적다 | しる 알다 | そとで 밖에서 | ～ことが できる ～할 수 있다 | うちの 우리, 저희 | ようちえん 유치원 | ～たち ～들 | すこし前 얼마 전 | ～まで ～까지 | なんども 몇 번이나 | 先生 선생님 | ～から ～한테서 | ～なさい ～하세요, ～해라 | ならぶ 줄 서다 | さいご 마지막 | ～に なる ～가 되다 | ～て しまう ～해 버리다, ～하고 말다 | じょうずに 능숙하게, 잘 | できる 할 수 있다 | ～ように なる ～하게 되다 | はたらく 일하다 | しょうがっこう 초등학교 | だめだ 안 되다 | ごはん 밥 | あげる 주다 | おしれる 가르치다 | ～たら ～하면 | ～ても ～해도 | わかる 알다, 이해하다

문제 해설

문1 이 문장을 쓴 사람은 누구입니까?

1　아이의 엄마입니다.
2　유치원 선생님입니다.
3　유치원에서 일하는 엄마입니다.
4　초등학교 어린이입니다.

해설 두 번째 단락 둘째 줄 [うちの ようちえんの 子どもたちも すこし 前までは~]라는 문장에서 글쓴이가 유치원 선생님이라는 것을 알 수 있다.

문2 이 글을 쓴 사람이 가장 말하고 싶은 것은 어느 것입니까?

1　집에서 아이가 텔레비전을 보거나 게임을 하는 것은 안 됩니다.
2　기다리지 않는 아이에게는 밥을 주지 않으면 기다리게 됩니다.
3　선생님이 아이에게 몇 번이고 가르치면 기다리는 것을 잘하게 됩니다.
4　선생님이 아이에게 가르쳐도 집에서 가르치지 않으면 모릅니다.

해설 두 번째 단락 둘째 줄 [うちの ようちえんの 子どもたちも すこし 前までは「待つ」ことを しらなくて、~ 今は、待つ ことが じょうずに できるように なりました]를 보면 글쓴이가 말하고 싶은 것이 3번임을 알 수 있다.

실전 문제 05 로봇의 기능

もんだい つぎの ぶんを 読んで しつもんに こたえて ください。こたえは 1・2・3・4から いちばん いい ものを 一つ えらんで ください。

　ロボットは、ながい 時間 しごとを する ことが できます。そして、人間の 行けない ところへも 行く ことが できます。かじの とき など、もし、人間が 火の なかに はいって いったら、あぶないですが、ロボットは はいる ことが できます。ほそい パイプの なかには、人間の 手は いれられませんが、ロボットの 手は いれる ことが できます。うみの なかでも、あぶない しごとを する ことが できます。
　前は、かんがえたり、人間の ことばが わかったり する ロボットは ありませんでした。しかし、このごろは、かんがえて しごとを する ロボットや、はなしが できる ロボットが 多く なりました。

しつもん1 ロボットは どんな ことが できますか。

1 はなしは できませんが、人間の 行けない ところへ 行けます。
2 ロボットは うみの なかでは しごとが できません。
3 人間の ことばが わかる ロボットも あります。
4 あぶない ところでは しごとを しません。

しつもん2 この 文章の 内容と 合って いるのは どれですか。

1 かじの ときは ロボットが 火の なかに はいるから、人は いなくても いいです。
2 ロボットは かんがえる ことが できるから、人間より あたまが いいです。
3 ながい 時間 しごとが できる ロボットは ありません。
4 人間には できなくても、ロボットには できる ことが 少なく ないです。

해석 및 해설 | 05 로봇의 기능

지문 해석

로봇은 장시간 일을 할 수 있습니다. 그리고 인간이 갈 수 없는 곳에도 갈 수 있습니다. 화재가 났을 때 등, 만약 인간이 불 속으로 들어간다면 위험하지만, 로봇은 들어갈 수 있습니다. 가는 파이프 속에는 인간의 손은 넣을 수 없지만 로봇의 손은 넣을 수 있습니다. 바닷속에서도 위험한 일을 할 수 있습니다.

전에는 생각하거나 인간의 말을 알아듣거나 하는 로봇은 없었습니다. 그러나 요즘은 생각해서 일을 하는 로봇이나 말을 할 수 있는 로봇이 많아졌습니다.

단어

ロボット 로봇 | ながい 길다 | 時間(じかん) 시간 | しごとを する 일을 하다 | ～ことが できる ～할 수 있다 | そして 그리고 | 人間(にんげん) 인간, 사람 | 行(い)く 가다 | ところ 곳 | かじ 불, 화재 | もし 만약 | 火(ひ) 불 | なか 안, 속 | はいる 들어가다 | あぶない 위험하다 | ほそい 가늘다 | パイプ 파이프 | 手(て) 손 | いれる 넣다 | うみ 바다 | 前(まえ)は 전에는 | かんがえる 생각하다 | ～たり～たり する ～하거나 ～하거나 하다 | ことば 말, 단어 | わかる 알다, 이해하다 | このごろ 요즘 | はなし 말, 이야기 | 多(おお)い 많다 | ～ても いい ～해도 되다 | あたまが いい 머리가 좋다 | 少(すく)ない 적다

문제 해설

문1 로봇은 어떤 일을 할 수 있습니까?
1. 말은 할 수 없지만, 인간이 갈 수 없는 곳에 갈 수 있습니다.
2. 로봇은 바닷속에서는 일을 할 수 없습니다.
3. 인간의 말을 아는 로봇도 있습니다.
4. 위험한 곳에서는 일을 하지 않습니다.

해설 본문의 내용을 보면 인간이 할 수 없는 위험한 곳에서의 일을 로봇이 할 수 있다고 했으니 2, 4번은 오답이다. 또 마지막 문장 [このごろは、かんがえて しごとを する ロボットや、はなしが できる ロボットが 多く なりました]에서 말을 할 수 있는 로봇이 많아졌다고 했으니 1번이 오답, 3번이 정답이 된다.

문2 이 글의 내용과 맞는 것은 어느 것입니까?
1. 화재가 발생했을 때 로봇이 불 속으로 들어가니까 인간은 없어도 됩니다.
2. 로봇은 생각할 수 있기 때문에 인간보다 머리가 좋습니다.
3. 장시간 일을 할 수 있는 로봇은 없습니다.
4. 인간은 할 수 없어도 로봇은 할 수 있는 일이 적지 않습니다.

해설 선택지 1번의 인간이 없어도 된다는 것은 본문 속에 제시되어 있지 않으며 글을 지나치게 비약한 것이다. 2번, 두 번째 단락 둘째 줄 [このごろは、かんがえて しごとを する ロボットや～]를 보면 생각은 할 수 있다고 나와 있지만 인간보다 머리가 좋다는 언급은 없으므로 오답이다. 3번, 첫째 줄 [ロボットは、ながい 時間 しごとを する ことが できます]에서 장시간 일을 할 수 있으므로 오답이다. 4번, 이 글의 전체적인 내용에서 정답임을 유추할 수 있다.

실전 문제 06 가마쿠라 소개

もんだい つぎの ぶんを 読んで しつもんに こたえて ください。こたえは 1・2・3・4から いちばん いい ものを 一つ えらんで ください。

　かまくらは、とても ふるい まちですから、日本人も、外国人も、よく けんぶつに 行きます。はるや あきには、わかい 人たちが よく ハイキングに 行きます。なつに なると、海で およぎます。とうきょうからも 近いですから、やすみの 日には、おおぜいの 人が あそびに 行きます。

　かまくらには ふるい だいぶつが あります。前は お寺の たてものの 中に ありましたが、1500年ごろ、海から 大きい つなみが 来て、たてものが なくなりました。いまも、だいぶつは、たてものの 中には ありません。雨の 日も、かぜの 日も、天気の いい 日も、外で ひとびとを むかえて います。

しつもん1 かまくらは どんな ところですか。

1　おおくの 人が あそびに 来る、ふるい まちです。
2　大きい つなみが よく 来る まちです。
3　とうきょうから とおい ところです。
4　雨の 日や かぜの 日には 人が いません。

しつもん2 本文の せつめいで、ただしい ものは どれですか。

1　かまくらは、わかい 人たちが よく 行って いる ところですが、ゆうめいでは ありません。
2　かまくらは、外国人には あまり 知られて いない ところです。
3　かまくらの だいぶつは、むかしは お寺の たてものの 外に ありました。
4　かまくらの だいぶつは、むかしは お寺の たてものの 中に ありました。

해석 및 해설 06 가마쿠라 소개

지문 해석

　가마쿠라는 아주 오래된 마을이라서 일본인도 외국인도 자주 구경하러 갑니다. 봄이나 가을에는 젊은 사람들이 자주 하이킹을 하러 갑니다. 여름이 되면 바다에서 수영을 합니다. 도쿄에서도 가까워서 휴일에는 많은 사람들이 놀러 갑니다.

　가마쿠라에는 오래된 큰 불상이 있습니다. 전에는 절의 건물 안에 있었지만, 1,500년경, 바다에서 큰 해일이 와서 건물이 없어졌습니다. 지금도 큰 불상은 건물 안에는 없습니다. 비가 오는 날에도, 바람이 부는 날에도, 날씨가 좋은 날에도 밖에서 사람들을 맞이하고 있습니다.

단어

かまくら 가마쿠라〈지명〉 | **とても** 아주, 매우 | **ふるい** 오래되다, 낡다 | **まち** 마을 | **けんぶつ** 구경 | **～に 行く** ～하러 가다 | **はる** 봄 | **あき** 가을 | **わかい** 젊다 | **ハイキング** 하이킹 | **なつ** 여름 | **～に なる** ～이 되다 | **海** 바다 | **およぐ** 수영하다 | **～からも** ～에서도 | **近い** 가깝다 | **やすみの 日** 쉬는 날 | **おおぜい** 많은 사람, 많이 | **あそぶ** 놀다 | **だいぶつ** 대불, 큰 불상 | **前は** 전에는 | **お寺** 절 | **たてもの** 건물 | **中** 안, 속 | **～ごろ** ～쯤, ～경 | **大きい** 크다 | **つなみ** 쓰나미, 해일 | **なくなる** 없어지다 | **雨の 日** 비오는 날 | **かぜの 日** 바람 부는 날 | **天気の いい 日** 날씨가 좋은 날 | **外で** 밖에서 | **ひとびと** 사람들 | **むかえる** 맞이하다 | **どんな** 어떤 | **おおくの 人** 많은 사람 | **あそびに 来る** 놀러 오다 | **とおい** 멀다 | **ゆうめいだ** 유명하다 | **知られる** 알려지다 | **むかし** 옛날

> **문제 해설**

문1 가마쿠라는 어떤 곳입니까?

1 많은 사람들이 놀러 오는 오래된 마을입니다.
2 큰 해일이 자주 오는 마을입니다.
3 도쿄에서 먼 곳입니다.
4 비가 오는 날이나 바람이 부는 날에는 사람이 없습니다.

해설 첫 문장 [かまくらは、とても ふるい まちですから、日本人も、外国人も、よく けんぶつに 行きます]에서 알 수 있듯이 일본인도 외국인도 많이 찾는 명소라는 것을 알 수 있다. 따라서 답은 1번이다. 2번은 1,500년경 큰 해일이 왔다는 설명이 있으니 '자주'라는 말이 틀렸고, 넷째 줄에 도쿄에서 가깝다는 설명이 있으니 3번도 오답이다. 4번 역시 마지막 문장에 언급되어 있는 설명과 달라 오답이 된다.

문2 본문의 설명으로 올바른 것은 어느 것입니까?

1 가마쿠라는 젊은 사람들이 자주 가는 곳이지만 유명하지는 않습니다.
2 가마쿠라는 외국인에게는 그다지 알려져 있지 않은 곳입니다.
3 가마쿠라의 큰 불상은 예전에는 절의 건물 밖에 있었습니다.
4 가마쿠라의 큰 불상은 예전에는 절의 건물 안에 있었습니다.

해설 선택지 1, 2번은 첫 문장 [日本人も、外国人も、よく けんぶつに 行きます。はるや あきには、わかい 人たちが よく ハイキングに 行きます]에서 알 수 있듯이 일본인도 외국인도 많이 찾는 명소이며 젊은 사람들도 자주 간다. 따라서 1, 2번은 오답.
선택지 3, 4번은 두 번째 단락 [かまくらには ふるい だいぶつが あります。~いまも、だいぶつは、たてものの 中には ありません]을 보면 예전에 큰 불상은 절의 내부에 있었음을 알 수 있다. 따라서 답은 4번.

Memo

3 | 정보 검색 공략하기

문제 유형 분석

정보 검색 – 안내나 공지 등의 정보 소재글 250자 정도 안에서 자신에게 필요한 정보를 찾아낼 수 있는지 묻는 문제이다. 전체 또는 부분을 신속하게 읽는 능력이 있는지를 측정하며 모든 급수에서 출제된다. 한 지문에 1문항이 출제되며, 문제 풀이 시간은 10분 정도로 잡는다.

문제 풀이 비법

1. 일본에서 실제로 생활하면서 많이 접하는 여러 가지 정보 소재를 토대로 출제되는 문제이다. 자신이 필요로 하는 정보를 얼마나 신속하고 정확하게 파악할 수 있는지가 관건이며, 스킬을 요하는 문제이다. 질문에 맞는 정보를 정확하게 파악하면 확실한 득점을 할 수 있다.
2. 질문을 보고 필요한 정보가 지문 전체 중 어느 부분에 제시되어 있는지 찾는다. 정보 소재 중에서 하나의 기본이 되는 조건을 정한 뒤 하나씩 체크해 가면서 파악하는 것이 중요하다. 또한 숫자가 나오는 경우가 많은데, 예를 들어 날짜, 기간, 할인에 대한 계산 등의 문제는 질문 자체는 어렵지 않지만 익숙해지는 것이 관건이다.
3. 예외를 나타내는 ※ ☞ 등의 내용을 주시하여 함정에 빠지는 일이 없도록 하자.

실전 문제 01 축구부

もんだい 右の ページは「サッカーサークルの 募集の 案内」です。つぎの ぶんを 読んで しつもんに こたえて ください。こたえは 1・2・3・4から いちばん いい ものを 一つ えらんで ください。

中村さんは 来月から 大学生に なります。せんこうは 医学ですが、中学生の 時から うんどうが 好きで サッカーや やきゅう などの サークルに 入りたいと 思って います。しかし、べんきょうも 忙しいし、バイトも あるので れんしゅう 時間が 長く ない サークルを さがして います。

しつもん 中村さんは これから どう しますか。

1　サッカーの べんきょうを します。
2　れんしゅうが 始まるまでに ユニホームを 買って おきます。
3　せつめいかいに 行って みます。
4　○○小学校に サッカーの れんしゅうに 行きます。

○○○大学　サッカー　サークル

サッカーが　好きな　人なら　だれでも　OKです。
サッカーの　しらない　人も　女性も　もんだい　ありません。
　　　練習日：火よう日　○○小学校　18:30～20:00
　　　　　　　金よう日　○○大学　体育館　18:30～20:00
(ユニホームは　無料で　さしあげます)

＊4月10日、体育館で　せつめいかいが　あるので、サークルに
　　入りたい　人は　できれば　きて　くださいね。

해석 및 해설 01 축구부

문제 해설

문제　오른쪽 페이지는 '축구 동아리 모집 안내'입니다. 다음 글을 읽고 질문에 답하시오. 답은 1·2·3·4에서 가장 적당한 것을 하나 고르시오.

　나카무라 씨는 다음 달부터 대학생이 됩니다. 전공은 의학이지만 중학교 때부터 운동을 좋아해서 축구나 야구 등의 동아리에 들어가고자 합니다. 하지만 공부하기도 바쁘고 아르바이트도 있기 때문에 연습 시간이 길지 않은 동아리를 찾고 있습니다.

> 문　나카무라 씨는 이제부터 어떻게 합니까?
> 1　축구 공부를 합니다.
> 2　연습이 시작될 때까지 유니폼을 사 둡니다.
> 3　설명회에 가 봅니다.
> 4　○○초등학교에 축구 연습을 하러 갑니다.

해설　안내 마지막 부분 [4月10日、体育館で せつめいかいが あるので、サークルに 入りたい 人は できれば きて くださいね]의 부분을 보면 3번이 정답임을 알 수 있다.

단어

| 来月 다음 달 | 大学生 대학생 | ～に なる ～가 되다 | せんこう 전공 | 医学 의학 |
| 中学生 중학생 | 時 때 | うんどう 운동 | サッカー 축구 | やきゅう 야구 | サークル 써클, 동아리 | 入る 들어가다 | ます형+たい ～하고 싶다 | ～と 思う ～라고 생각하다 | しかし 하지만 | 忙しい 바쁘다 | バイト 아르바이트 | れんしゅう 연습 | 長い 길다 | さがす 찾다 | 始まる 시작되다 | ユニホーム 유니폼 | 買う 사다 | せつめいかい 설명회 | 小学校 초등학교 | ～なら ～라면 | しる 알다 | 女性 여성 | もんだい 문제 | 練習日 연습일 | 体育館 체육관 | 無料 무료 | さしあげる 드리다 |

지문 해석

○○○대학 축구 동아리

축구를 좋아하는 사람이라면 누구라도 OK입니다.
축구를 모르는 사람도, 여성도 문제 없습니다.
연습일 : 화요일 ○○초등학교 18:30~20:00
　　　　 금요일 ○○대학 체육관 18:30~20:00
　　　　(유니폼은 무료로 드립니다.)

*4월 10일 체육관에서 설명회가 있으니 동아리에 들어오고 싶은 사람은 가능한 한 와 주세요.

실전 문제 02 방 구하기

もんだい　右の ページの 「部屋 あります」の ぶんを 読んで しつもんに こたえて ください。こたえは 1・2・3・4から いちばん いい ものを 一つ えらんで ください。

大学に 入った マイケルさんは 新しい 部屋を さがして います。マイケルさんは 料理が できないから ごはんを くれる ところが いいと 思って います。トイレと シャワールームは 部屋の 中に なくても いいです。

しつもん　「部屋 あります」の ないようと 合って いる ものは なんですか。

1　朝と 晩ごはんを 食べる 場合は 74000円 払わなければ なりません。

2　犬を かう ことは できますが、ねこは できません。

3　朝ごはんを 食べて トイレと シャワールームが ない 部屋は 58000円 払わなければ なりません。

4　駅から 家までは 遠いですが、バスで 行くと 5分です。

部屋 あります

Tel：012-1234-5678

6万5千円（管理費：5千円）

1. エアコン、テレビ、洗濯機、ベット あります。
2. 駅から 歩いて 10分です。
3. 部屋が 広くて きれいです。
4. ご飯を 食べる ことが できます。
   （朝ごはん：一カ月 5000円、朝と 晩ごはん：一カ月：9000円）
5. トイレと シャワールームが ない 部屋は 4万8千円です。
6. ペットを かう ことは できません。
7. オートロック、システムキッチンです。

해석 및 해설　02 방 구하기

문제 해설

문제　오른쪽 페이지 '방 있습니다'의 글을 읽고 질문에 답하시오. 답은 1·2·3·4에서 가장 적당한 것을 하나 고르시오.

　대학에 들어간 마이클 씨는 새 방을 찾고 있습니다. 마이클 씨는 요리를 못하기 때문에 밥을 주는 곳이 좋다고 생각하고 있습니다. 화장실과 욕실은 방 안에 없어도 괜찮습니다.

문　'방 있습니다'의 내용으로 옳은 것은 무엇입니까?
1　아침과 저녁을 먹을 경우는 74,000엔을 지불해야 합니다.
2　개는 기를 수 있지만 고양이는 기를 수 없습니다.
3　**아침을 먹고 화장실과 욕실이 없는 방은 58,000엔을 지불해야 합니다.**
4　역에서 집까지는 멀지만 버스로 가면 5분입니다.

해설　1번, 집세가 65,000엔, 관리비 5,000엔 아침과 저녁을 먹는 경우는 9,000엔이므로 모두 합산하면 79,000엔이다. 2번, 애완동물은 기를 수 없다고 했다. 4번, 역에서 집까지 걸어서 10분이라고 했으므로 오답이다. 3번, 아침 식사 5,000엔 관리비 5,000엔, 화장실과 욕실이 없는 방은 48,000엔이라고 했으므로 합산하면 58,000엔이 된다. 그러므로 정답은 3번이다.

단어

大学 대학 ｜ 入る 들어가다 ｜ 新しい 새롭다 ｜ 部屋 방 ｜ さがす 찾다 ｜ 料理 요리 ｜ くれる 주다 ｜ 思う 생각하다 ｜ なくても いいです 없어도 괜찮습니다 ｜ 朝 아침 ｜ 晩ごはん 저녁 식사 ｜ 食べる 먹다 ｜ 場合 경우 ｜ 払わなければ なりません 지불하지 않으면 안 됩니다 ｜ 犬を かう 개를 기르다 ｜ ねこ 고양이 ｜ 駅 역 ｜ 家 집 ｜ 遠い 멀다 ｜ 行く 가다 ｜ 管理費 관리비 ｜ エアコン 에어컨 ｜ テレビ 텔레비전 ｜ 洗濯機 세탁기 ｜ ベット 침대 ｜ 歩く 걷다 ｜ 広い 넓다 ｜ ペット 애완동물 ｜ オートロック 오토록(문을 닫으면 자동으로 잠기는 자물쇠) ｜ システムキッチン 시스템 키친(공간과 소비자의 요구에 따라 맞춰 설계해 주는 부엌)

지문 해석

방 있습니다

Tel : 012-1234-5678

6만 5천 엔(관리비 : 5천 엔)

1. 에어컨, 텔레비전, 세탁기, 침대 있습니다.
2. 역에서 걸어서 10분입니다.
3. 방이 넓고 깨끗합니다.
4. 밥을 먹을 수 있습니다.
   (아침 식사 : 한 달에 5,000엔, 아침과 저녁 식사 : 한 달에 9,000엔)
5. 화장실과 욕실이 없는 방은 4만 8천 엔입니다.
6. 애완동물을 기를 수 없습니다.
7. 오토록, 시스템 키친입니다.

실전 문제 03 **세탁 요금**

もんだい 右の ページの 「クリーニングの ご案内」の ぶんを 読んで しつもんに こたえて ください。こたえは 1・2・3・4から いちばん いい ものを 一つ えらんで ください。

> 本田さんは しごとが 忙しくて 洗濯を する 時間が ありません。それで 本田さんは 服を クリーニング屋に 出して います。

しつもん 「クリーニングの ご案内」の ないようと 合って いない ものは 何ですか。

1 朝、ブラウスを 2枚 出して 夜 とりに 行く 場合の ねだんは 700円です。

2 料金は 洗濯を する 前に 払わなければ なりません。

3 犬や ねこが 使った ものは クリーニングする ことが できません。

4 クリーニングに 出してから 一カ月 以内に とりに 行かなければ なりません。

<料金表>

ジャンパー	760円
ズボン	450円
スカート	430円
ワンピース	800円
セーター	480円
ブラウス	350円

※当日に 持って 帰りたい 場合は 各 200円 高く なります。

- 注意点
① お金は クリーニングする 前に 払って ください。
② クリーニングする 前に ポケット などを よく 見て ください。
③ クリーニングを 出した 日から 30日 以内に 来て ください。

- クリーニングに 出せない もの
① ペットが 使った もの
② ドライクリーニングも 水洗いも できない もの
③ カーペット、ドレス などの 高い もの(一点 30万円 以上の もの)

해석 및 해설 03 세탁 요금

문제 해설

문제 오른쪽 페이지 '클리닝 안내'를 읽고 질문에 답하시오. 답은 1·2·3·4에서 가장 적당한 것을 하나 고르시오.

혼다 씨는 일이 바빠서 빨래를 할 시간이 없습니다. 그래서 혼다 씨는 옷을 세탁소에 맡기고 있습니다.

문 '클리닝 안내'의 내용으로 옳지 않은 것은 무엇입니까?
1. 아침에 블라우스를 두 장 맡기고 저녁에 찾으러 갈 경우의 가격은 700엔입니다.
2. 요금은 세탁을 하기 전에 지불해야 합니다.
3. 개나 고양이가 사용한 것은 클리닝할 수 없습니다.
3. 클리닝을 맡기고 나서 1개월 이내에 찾으러 가야 합니다.

해설 요금표 아래의 내용을 보면 알 수 있다. 당일에 찾아가는 경우는 200엔 비싸진다고 했으므로 블라우스 두 장 가격 700엔에 400엔을 추가해야 하므로 총 가격은 1,100엔이 된다. 그러므로 정답은 1번이 된다.

단어

しごと 일 | 忙(いそが)しい 바쁘다 | 洗濯(せんたく) 세탁 | 時間(じかん) 시간 | それで 그래서 | 服(ふく) 옷 | クリーニング屋(や) 세탁소 | 出(だ)す 내다, 맡기다 | 朝(あさ) 아침 | ブラウス 블라우스 | ~枚(まい) ~장 | 夜(よる) 밤 | とりに 行(い)く 찾으러 가다 | 場合(ばあい) 경우 | ねだん 가격 | 料金(りょうきん) 요금 | 前(まえ)に 전에 | 払(はら)わなければ なりません 지불하지 않으면 안 됩니다 | 犬(いぬ) 개 | ねこ 고양이 | 使(つか)う 사용하다 | クリーニング (드라이)클리닝, 세탁 | 一(いっ)カ月(げつ) 1개월 | 以内(いない)に 이내에 | 料金表(りょうきんひょう) 요금표 | ジャンパー 점퍼 | ズボン 바지 | スカート 치마 | ワンピース 원피스 | セーター 스웨터 | 当日(とうじつ) 당일 | 持(も)って 帰(かえ)りたい 가지고 돌아가고 싶다 | 各(かく) 각 | 高(たか)く なる 비싸지다 | 注意点(ちゅういてん) 주의점 | 払(はら)う 지불하다 | ポケット 주머니 | ドライクリーニング 드라이클리닝 | 水洗(みずあら)い 물빨래 | カーペット 카펫 | ドレス 드레스 | ~など ~등 | 高(たか)い 비싸다 | 一点(いってん) 한 점 | 以上(いじょう) 이상

> 지문 해석

<요금표>

점퍼	760엔
바지	450엔
치마	430엔
원피스	800엔
스웨터	480엔
블라우스	350엔

※ 당일에 가지고 돌아가고 싶은 경우는 각 200엔 비싸집니다.

• 주의점
① 돈은 클리닝하기 전에 지불해 주십시오.
② 클리닝하기 전에 주머니 등을 잘 보십시오.
③ 클리닝을 맡긴 날부터 30일 이내에 와 주십시오.

• 클리닝에 맡길 수 없는 것
① 애완동물이 사용한 것
② 드라이클리닝도 물빨래도 할 수 없는 것
③ 카펫, 드레스 등 비싼 것(하나에 30만 엔 이상의 것)

실전 문제 04 한국어 수업 안내

もんだい　右の　ページの　「かんこく語の　じゅぎょう　案内」です。つぎの　ぶんを　読んで　しつもんに　こたえて　ください。
こたえは　1・2・3・4から　いちばん　いい　ものを　一つ　えらんで　ください。

　山田さんは　会社員です。ことしの　夏やすみに　かんこくへ　あそびに　行きたくて、かんこく語を　勉強しようと　おもいます。土ようびまでは　しごとで　いそがしくて　勉強できません。
　日ようびの　午前は　テニスを　します。それで、テニスの　あと　ひるごはんを　食べて、そのあと、友だちと　ふたりで　習う　つもりです。しらない　人が　いると　はずかしいです。

しつもん　山田さんには　どんな　じゅぎょうが　いいですか。

1　プライベートコース、10:00〜10:40

2　プライベートコース、16:00〜16:40

3　グループコース、17:45〜18:25

4　グループコース、20:10〜20:50

かんこく語の　じゅぎょう案内

★コース

コース	プライベートコース	グループコース
時間	AM10：00〜PM9：30まで	
特徴	1．マイペースの1：1レッスン。 2．なかまや　友だちと　いっしょに　レッスンを　受ける　ことが　できます。	1．3人〜5人の　グループレッスン。 2．「3ヶ月コース」と　「6ヶ月コース」が　あります。

★かんこく語の　レッスン時間

土よう・日よう・祝日でも　レッスンを　受ける　ことが　できます。

あさの　部	10：00〜10：40 11：30〜12：10
ひるの　部	14：30〜15：10 16：00〜16：40 17：45〜18：25
よるの　部	20：10〜20：50 20：55〜21：35

☞ 日よう・祝日の　レッスンは、あさ・ひるの　部だけです。

> **해석 및 해설** 04 한국어 수업 안내

문제 해설

문제   오른쪽 페이지는 '한국어 수업 안내'입니다. 다음 글을 읽고, 질문에 답하시오. 답은 1·2·3·4에서 가장 적당한 것을 하나 고르시오.

야마다 씨는 회사원입니다. 올 여름휴가로 한국으로 여행을 가고 싶어서 한국어를 공부하려고 합니다. 토요일까지는 업무로 바빠서 공부할 수 없습니다.

일요일 오전에는 테니스를 칩니다. 그래서 테니스 후 점심을 먹고 그 후에 친구와 둘이서 배울 생각입니다. 모르는 사람이 있으면 부끄럽습니다.

> 문   야마다 씨에게는 어떤 수업이 좋습니까?
>
> 1 개인 코스, 10:00 ~ 10:40
> **2 개인 코스, 16:00 ~ 16:40**
> 3 그룹 코스, 17:45 ~ 18:25
> 4 그룹 코스, 20:10 ~ 20:50

해설 야마다 씨가 수업을 들을 수 있는 시간은 일요일 점심 후이니 답은 2번이 된다. 프라이빗은 개인 코스로 친구나 동료와 함께 들을 수 있는 수업이고, 그룹 코스는 3~5인이 하는 수업이다. 모르는 사람이 있으면 부끄럽다고 했으니 친구와 들을 수 있는 개인 코스가 적당하다.

단어

会社員(かいしゃいん) 회사원 | ことし 올해 | 夏(なつ)やすみ 여름방학, 여름휴가 | あそびに 行(い)く 놀러 가다 | かんこく語(ご) 한국어 | 勉強(べんきょう)する 공부하다 | ~ようと おもう ~하려고 생각하다 | しごと 일, 업무 | いそがしい 바쁘다 | 午前(ごぜん) 오전 | ひるごはん 점심(밥) | テニスを する 테니스를 치다 | ふたりで 둘이서 | 習(なら)う 배우다 | ~つもり ~생각, ~작정 | じゅぎょう 수업 | プライベート 개인적 | コース 코스 | グループ 그룹 | 案内(あんない) 안내 | 時間(じかん) 시간 | 特徴(とくちょう) 특징 | なかま 동료 | 友(とも)だち 친구 | ~と いっしょに ~와 함께 | レッスンを 受(う)ける 수업을 받다 | ~ことが できる ~할 수 있다 | 祝日(しゅくじつ) 경축일, 국경일 | あさ 아침 | ひる 낮, 주간 | よる 밤 | 部(ぶ) 부

> 지문 해석

한국어 수업 안내

★코스

코스	개인 코스	그룹 코스
시간	AM 10 : 00 ~ PM 9 : 30까지	
특징	1. 마이 페이스 1 : 1 수업. 2. 동료나 친구와 함께 수업을 받을 수 있습니다.	1. 3인 ~ 5인 그룹 수업. 2. '3개월 코스'와 '6개월 코스'가 있습니다.

★한국어 수업 시간

토요일·일요일·경축일에도 수업을 받을 수 있습니다.

아침반	10 : 00 ~ 10 : 40 11 : 30 ~ 12 : 10
점심반	14 : 30 ~ 15 : 10 16 : 00 ~ 16 : 40 17 : 45 ~ 18 : 25
저녁반	20 : 10 ~ 20 : 50 20 : 55 ~ 21 : 35

☞ 일요일·경축일의 수업은 아침반과 점심반뿐입니다.

실전 문제 05 미술관 안내

もんだい 右の ページの 「大原びじゅつかんの お知らせ・お願い」です。つぎの ぶんを 読んで しつもんに こたえて ください。こたえは 1・2・3・4から いちばん いい ものを 一つ えらんで ください。

留学生の リンさんは、きょう じゅぎょうが なくて、友だちと びじゅつかんへ 行きます。大学の 近くに ある 「大原びじゅつかん」は、いちど おかねを はらったら、なんどでも 出たり はいったり できるから、とても いいです。きょうは おべんとうも 持って いって、ゆっくり 絵を 見たいです。

しつもん 「大原びじゅつかん」の なかで、しても いい ことは 何ですか。

1　びじゅつかんの なかで、絵の 写真を とる こと
2　友だちと おおきな 声で 話しながら 絵を 見る こと
3　びじゅつかんの なかに ある 休む ばしょで、おべんとうを 食べる こと
4　おなかが いたい とき、休む ばしょを つかう こと

ようこそ 大原(おおはら)びじゅつかんへ！

お知(し)らせ・お願(ねが)い --

- 本日(ほんじつ)じゅうなら、なんどでも ご自由(じゆう)に ご入館(にゅうかん)できます。
- ぐあいが 悪(わる)い かたは、休(やす)む ばしょが あります。
- ベビーカーは、ただで レンタルできます。
  (※かずが あまり ありません)
- 写真(しゃしん)は とれません。
- けいたい電話(でんわ)は 使(つか)えません。
- メモ などは えんぴつを お使(つか)いください。
- 食(た)べもの、飲(の)みものは だめです。
- お話(はなし)は ちいさな 声(こえ)で おねがいします。

☞ オープン時間(じかん) 9:00〜17:00 (入館(にゅうかん)しめきり16:30)

해석 및 해설 | 05 미술관 안내

문제 해설

문제 오른쪽 페이지는 '오하라 미술관의 알림·당부'입니다. 다음 글을 읽고, 질문에 답하시오. 답은 1·2·3·4에서 가장 적당한 것을 하나 고르시오.

유학생 린 씨는 오늘 수업이 없어서 친구와 미술관에 갑니다. 대학 근처에 있는 '오하라 미술관'은 한 번 돈을 지불하면 몇 번이라도 드나들 수 있어서 아주 좋습니다. 오늘은 도시락도 갖고 가서 천천히 그림을 보고 싶습니다.

> **문** '오하라 미술관' 안에서 해도 되는 것은 무엇입니까?
> 1 미술관 안에서 그림을 사진으로 찍는 것
> 2 친구와 큰 소리로 이야기하면서 그림을 보는 것
> 3 미술관 안에 있는 휴게실에서 도시락을 먹는 것
> 4 배가 아플 때 휴게실을 이용하는 것

해설 선택지 1번은 알림·공지의 네 번째 항목에 사진 촬영을 금한다는 말이 있으니 오답, 2번은 마지막 항목에 작은 목소리로 이야기하라고 했으니 오답이다. 3번은 끝에서 두 번째 항목에서 음식물, 음료수를 금하고 있으니 오답이고, 따라서 정답은 4번. 위에서 두 번째 항목에 몸이 아플 때 휴게실을 이용하라고 나와 있다.

단어

留学生(りゅうがくせい) 유학생 | びじゅつかん 미술관 | 大学(だいがく) 대학(교) | 近(ちか)く 근처 | いちど 한 번 | おかねを はらう 돈을 내다 | なんどでも 몇 번이라도 | 出(で)る 나가다 | ~たり~たり ~하거나 ~하거나 | はいる 들어가다 | おべんとう 도시락 | 持(も)つ 가지다, 들다 | ゆっくり 느긋이, 천천히 | 絵(え) 그림 | ~ても いい ~해도 좋다 | 写真(しゃしん)を とる 사진을 찍다 | おおきな 큰, 커다란 | 声(こえ) (목)소리 | ~ながら ~하면서 | 休(やす)む 쉬다 | ばしょ 장소 | おなかが いたい 배가 아프다 | つかう 사용하다 | 本日(ほんじつ) 오늘 | 自由(じゆう)に 자유롭게 | 入館(にゅうかん) 입관, 입장 | ぐあいが 悪(わる)い 몸이 아프다 | ベビーカー 유모차 | ただで 공짜로, 무료로 | レンタル 렌탈, 대여 | けいたい電話(でんわ) 휴대전화 | えんぴつ 연필 | だめだ 안 되다 | ちいさな 작은 | しめきり 마감

지문 해석

어서 오세요, 오하라 미술관입니다.

알림·당부 --

- 당일이라면 몇 번이라도 자유롭게 입장할 수 있습니다.
- 몸이 아픈 분은 휴게실이 있습니다.
- 유모차는 무료로 대여할 수 있습니다.
  (※수량이 그다지 많지 않습니다.)
- 사진은 찍을 수 없습니다.
- 휴대전화는 사용할 수 없습니다.
- 메모 등은 연필을 사용하십시오.
- 음식물, 음료수는 안 됩니다.
- 대화는 작은 목소리로 부탁합니다.

☞ 개관 시간 9:00~17:00 (입장 마감 16:30)

실전 문제 **06 평균 수면 시간**

もんだい 右の ページは、(A)「日本人が へいきん的に ねる 時間」と、(B)「田中さんの 家族の ねる 時間」です。つぎの ぶんを 読んで しつもんに こたえて ください。こたえは 1・2・3・4から いちばん いい ものを 一つ えらんで ください。

田中さんの 家族は 4人家族です。おかあさんは 家族の なかで いちばん はやく おきて、あさ、散歩を します。おくさんは 5時に おきて、朝ごはんを つくります。田中さんは しごとで つかれて、おくさんより 早く ねて、おそく おきます。むすめは 大学生で レポートの しゅくだいが たくさん あって、いつも おそくまで おきて います。

しつもん 田中さんの 家族の なかで、へいきん時間より おおく ねて いる 人は どの 人ですか。

1 おかあさん
2 田中さん
3 おくさん
4 むすめ

(A)

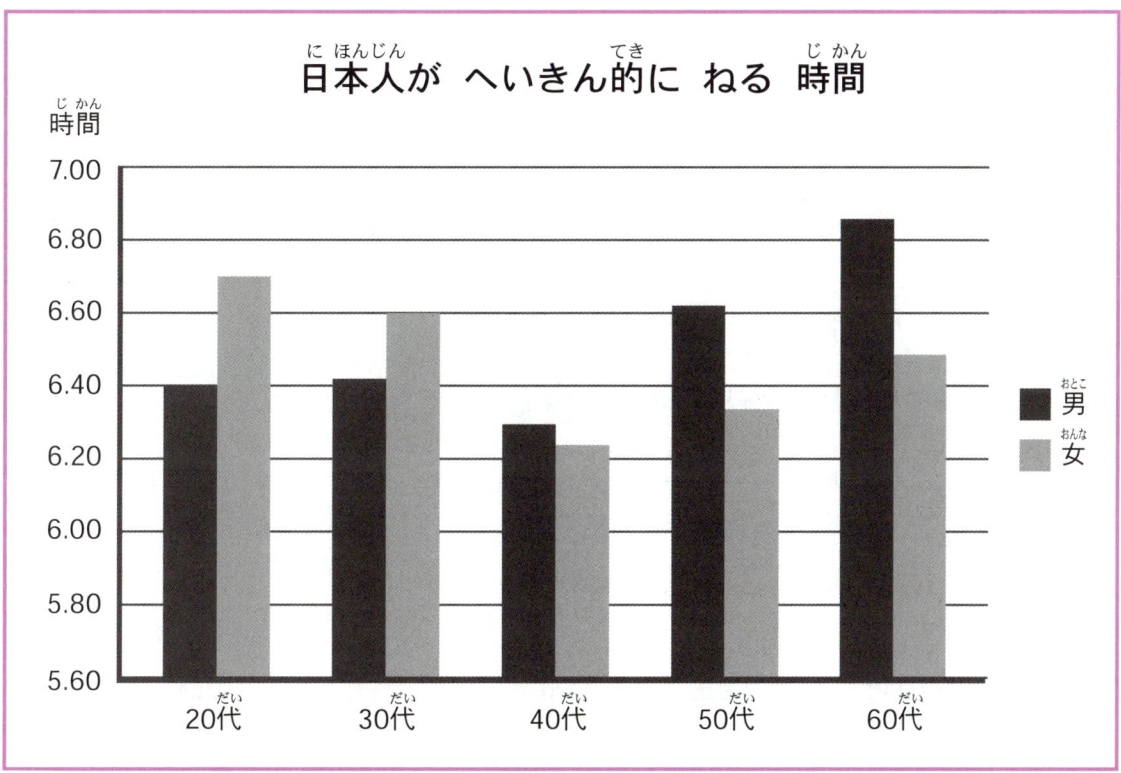

(B)

田中さんの 家族の ねる 時間

家族	ねんれい	ねる 時間
おかあさん	69才	PM 22:00〜AM 4:00
田中さん	51才	PM 23:00〜AM 6:30
おくさん	45才	PM 23:30〜AM 5:00
むすめ	21才	AM 02:30〜AM 7:00

해석 및 해설 06 평균 수면 시간

문제 해설

문제 오른쪽 페이지는 (A) '일본인이 평균적으로 자는 시간'과 (B) '다나카 씨 가족이 자는 시간'입니다. 다음 글을 읽고, 질문에 답하시오. 답은 1·2·3·4에서 가장 적당한 것을 하나 고르시오.

다나카 씨 가족은 4명입니다. 어머니는 가족 중에서 가장 일찍 일어나 아침에 산책을 합니다. 부인은 5시에 일어나 아침밥을 합니다. 다나카 씨는 일로 피곤해 부인보다 일찍 자고 늦게 일어납니다. 딸은 대학생으로 리포트 과제가 많아 언제나 늦게까지 깨어 있습니다.

문 다나카 씨 가족 중에서 평균 시간보다 많이 자는 사람은 누구입니까?

1 어머니
2 다나카 씨
3 부인
4 딸

해설 선택지 1번 어머니의 수면 시간은 6시간이다. 60대 여자 평균 수면 시간은 6.40(6시간 24분)을 조금 넘어서고 있다. 어머니의 수면 시간은 평균보다 적어 1번은 오답.

다나카 씨는 7시간 30분을 잔다. 50대 남자의 평균 수면 시간인 6.60(6시간 36분)보다 1시간 가량 많이 잔다. 따라서 2번이 정답이다.

부인은 5시간 30분을 잔다. 40대 여자의 평균 수면 시간 6.20(6시간 12분)에 못 미친다.

딸의 수면 시간은 4시간 30분이다. 20대 여자의 평균 수면 시간인 6.70(6시간 42분)에 비해 훨씬 적게 잔다.

단어

家族(かぞく) 가족 | いちばん 가장, 제일 | はやく 빨리 | おきる 일어나다 | 散歩(さんぽ) 산책 | おくさん 부인 | 朝(あさ)ごはん 아침밥 | つくる 만들다 | つかれる 지치다, 피곤하다 | ~より ~보다 | ねる 자다 | むすめ 딸 | 大学生(だいがくせい) 대학생 | レポート 리포트 | しゅくだい 숙제 | たくさん 많이 | いつも 항상, 언제나 | おそく 늦게 | へいきん 평균 | 男(おとこ) 남자 | 女(おんな) 여자 | ~代(だい) ~대 | ねんれい 연령 | ~才(さい) ~세, ~살

> 지문 해석

(A)

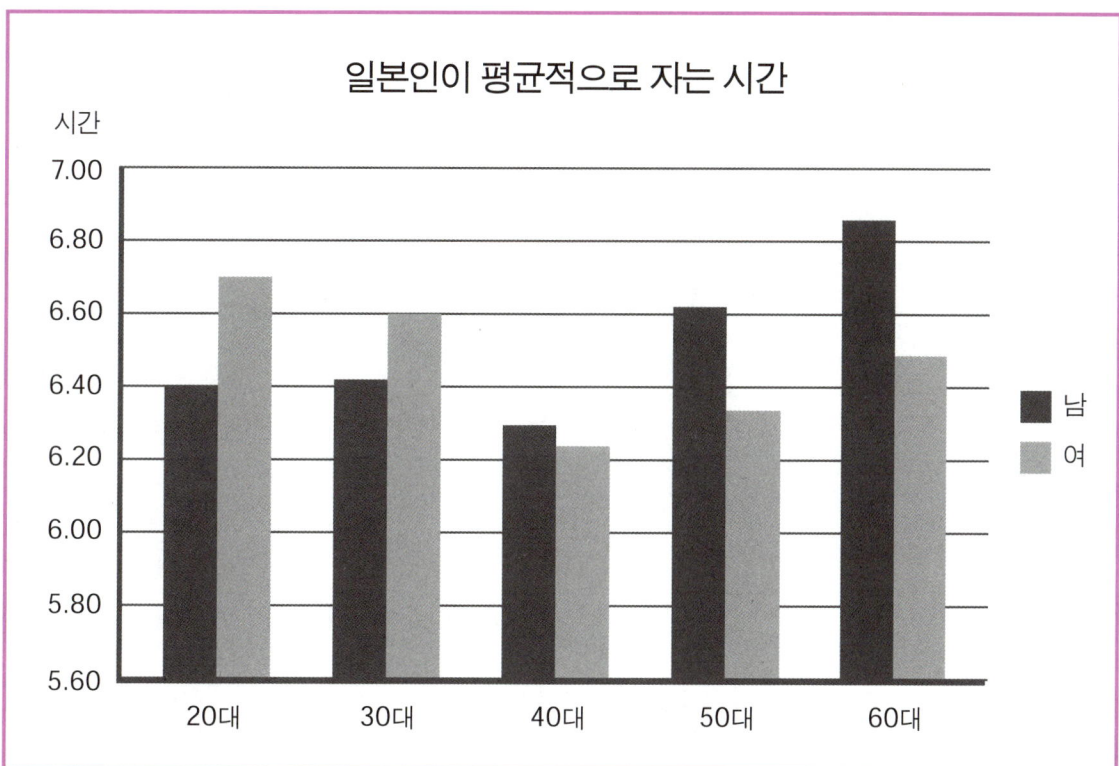

(B)

다나카 씨 가족이 자는 시간

가족	연령	자는 시간
어머니	69세	PM 22:00~AM 4:00
다나카 씨	51세	PM 23:00~AM 6:30
부인	45세	PM 23:30~AM 5:00
딸	21세	AM 02:30~AM 7:00

Memo

점수를 UP시키는
N4 독해

Part 2

유형별 독해 문제 공략하기

1. 내용 이해-단문 공략하기
2. 내용 이해-중문 공략하기
3. 정보 검색 공략하기

N4의 독해 문제 유형 분석

N4는 6지문, 10문제로 단문-중문-정보 검색의 출제 비율은 4-4-2이며, 배점은 전체에서 1/3(60점)을 차지하는 등 독해는 시험 전체에서 차지하는 비중이 상당히 크다고 하겠다.

▶ 지문의 종류

JLPT(일본어 능력시험) N4의 독해 문제 유형은 내용 이해(단문, 중문), 정보 검색으로 총 3가지이다.

1. 내용 이해 – 단문

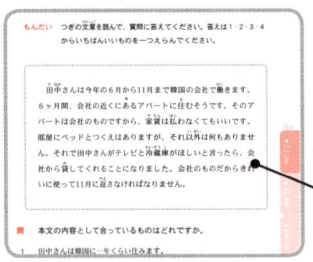

주로 학습, 생활, 업무에 관련된 화제·장면을 100~200자 정도로 쓴 글을 읽고 내용을 충분히 이해했는지를 묻는 문제로, 각 지문당 1문제가 출제된다. 총 4문제가 출제되며, 문제 풀이 시간은 15분 정도로 생각해서 푼다.

> 지문의 길이는 100~200자 정도
> 한 지문에 1문제 출제, 총 4지문 4문제   **15분**

2. 내용 이해 – 중문

일상적인 화제나 장면을 소재로 쉽게 쓴 450자 정도의 글을 읽고 내용을 이해할 수 있는지를 묻는다. 한 지문에 4문제가 출제되며, 15분 정도로 생각해서 푼다.

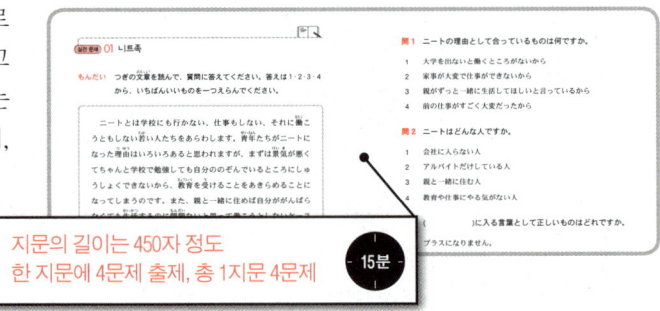

> 지문의 길이는 450자 정도
> 한 지문에 4문제 출제, 총 1지문 4문제   **15분**

3. 정보 검색

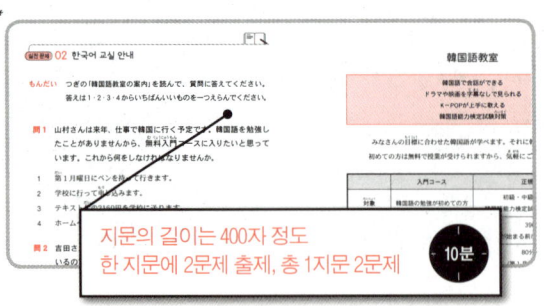

400자 정도의 안내나 알림 등의 정보 소재 글 안에서 자신에게 필요한 정보를 찾아낼 수 있는지 묻는 문제이다. 예를 들어 쓰레기 분리에 따른 품목과 수거일을 보고 알맞은 것을 고르는 문제이다. 한 지문에 2문제가 출제되며, 문제 풀이 시간은 10분 정도로 잡는다.

> 지문의 길이는 400자 정도
> 한 지문에 2문제 출제, 총 1지문 2문제   **10분**

문제의 유형

각 유형별로 질문의 형태에 특징이 있다.

1. 내용 이해(단문·중문)

❶ 내용 파악 문제

질문의 내용을 파악하고, 글 안에서 그 내용을 찾는다. 전체적일 수도 있고 부분적일 수도 있다.

❷ 문맥을 파악하는 문제

앞뒤 관계를 알 수 있는 접속사나 그와 유사한 표현에 주의하면서 읽는다.

> **질문의 예시**
> 1. ~는 언제 무엇이 가능한가?
> 2. 다음 중 가장 ~한 것은 어느 것인가?
> 3. ~는 오늘 어디에 가는가?
> 4. ~와 ~을 사면 얼마가 되는가?
> 5. ~때 어떤 풍습이 있는가?
> 6. ~의 이유는 무엇인가?
> 7. 밑줄의 내용은 왜 그런 것인가?
> 8. 최근 어떤 사람이 늘고 있는가?

2. 정보 검색

❶ 내용 검색 문제

질문을 보고 필요한 정보를 지문 전체에서 찾는다. 예외 사항이 없는지 체크하는 것이 중요하다.

> **질문의 예시**
> 1. 어느 버스를 타는가?
> 2. ~은 언제 어느 쓰레기통에 버리는가?
> 3. 무엇을 어디에 두는가?
> 4. 목욕이 가능한 시간은 언제인가?
> 5. ~가 배우는 과목은 어느 것인가?
> 6. ~을 사면 전부 얼마가 되는가?

1 내용 이해 – 단문 공략하기

문제 유형 분석

내용 이해 – 단문은 주로 학습, 생활, 직업에 관련된 다양한 화제나 장면 등을 소재로 쓴 100~200자 정도의 글로, 읽은 내용을 충분히 이해했는지를 묻는다. 각 지문당 1문항이 출제된다. 총 4문항이 출제되며 문제 풀이 시간은 15분 정도로 생각해서 풀도록 하자.

문제 풀이 비법

내용 이해 – 단문은 지문의 길이가 비교적 짧은 편이지만 N5보다 단어가 어렵다고 생각하고 문제를 접할 필요가 있다.

주요 질문으로는

1. 단문 지문의 양은 적지만 시간 분배가 중요하다. 처음부터 어려운 문제가 출제되어 필요 이상으로 시간을 허비할 수도 있기 때문에 선택지를 꼼꼼히 읽어서 득점할 기회를 잃지 않도록 하자.
2. 〈밑줄 친 부분에 대한 필자의 생각은 무엇인가?〉, 〈밑줄 친 부분의 의미는 무엇인가?〉, 〈내용에 맞는 것은 무엇인가?〉 등 내용의 이해와 관련된 문제가 출제된다.
3. 필자의 생각을 묻는 문제는 주로 문장의 말미에 정답이 올 경우가 많으며, 필자가 자기의 의견이나 주장, 요점을 나타낸 표현(키워드)과 문장을 찾아낸다.
4. 밑줄 친 부분에 대한 의미를 찾는 문제에서는 보통 앞뒤 문맥을 잘 살피면 쉽게 정답을 찾을 수 있다.
5. 내용에 맞는 것을 고르는 문제는 선택지를 먼저 읽고 난 후 문제를 파악하는 것도 하나의 방법이다. 선택지만으로 정답을 쉽게 찾는 경우도 있기 때문이다. 틀린 것을 하나씩 지워가면 정답을 찾기가 훨씬 수월해진다.

실전 문제 01 한국 생활

もんだい つぎの文章を読んで、質問に答えてください。答えは1・2・3・4からいちばんいいものを一つえらんでください。

田中さんは今年の6月から11月まで韓国の会社で働きます。6ヶ月間、会社の近くにあるアパートに住むそうです。そのアパートは会社のものですから、家賃は払わなくてもいいです。部屋にベッドとつくえはありますが、それ以外は何もありません。それで田中さんがテレビと冷蔵庫がほしいと言ったら、会社から貸してくれることになりました。会社のものだからきれいに使って11月に返さなければなりません。

問 本文の内容として合っているものはどれですか。

1 田中さんは韓国に一年くらい住みます。
2 韓国での生活に不満を持っています。
3 テレビは古いものなので、6ヶ月間使ってから捨てます。
4 部屋を借りるのにお金がかかりません。

해석 및 해설 01 한국 생활

지문 해석

　　다나카 씨는 올해 6월부터 11월까지 한국 회사에서 일합니다. 6개월간 회사 근처에 있는 아파트에 산다고 합니다. 그 아파트는 회사 것이기 때문에 집세는 내지 않아도 됩니다. 방에 침대와 책상은 있지만, 그 이외는 아무것도 없습니다. 그래서 다나카 씨가 텔레비전과 냉장고가 필요하다고 말했더니, 회사에서 빌려주기로 했습니다. 회사 물건이기 때문에 깨끗하게 사용하고 11월에 돌려줘야 합니다.

단어

働く 일하다 | 近く 근처 | 住む 살다 | 동사 기본형+そうだ ~라고 하다 | 家賃 집세 | 払う 지불하다 | 以外 이외 | それで 그래서 | 冷蔵庫 냉장고 | 貸す 빌려주다 | ~ことになる ~하게 되다 | 返す 반납하다 | 不満 불만 | 捨てる 버리다

문제 해설

> 문　본문의 내용으로 일치하는 것은 무엇입니까?
>
> 1　다나카 씨는 한국에 1년 정도 삽니다.
> 2　한국에서의 생활에 불만을 가지고 있습니다.
> 3　텔레비전은 낡은 것이라서 6개월간 사용한 후 버립니다.
> 4　방을 빌리는 데에 돈이 들지 않습니다.

해설　본문 둘째 줄 [そのアパートは会社のものですから、家賃は払わなくてもいいです]의 부분을 보면 4번이 정답임을 알 수 있다. 1번, 한국에서 지내는 것은 1년이 아니라 6개월이며, 2번, 본문에서 한국 생활에 대한 불만을 표한 부분은 나오지 않으므로 오답이 된다. 3번, 텔레비전은 사용한 후 회사에 반납해야 하므로 오답이다.

실전 문제 02 출산

もんだい つぎの文章を読んで、質問に答えてください。答えは 1・2・3・4 からいちばんいいものを一つえらんでください。

　あと一ヶ月で私は母になります。36才になってやっと初めての子供ができたのです。私は一人娘で子供の時から兄弟がほしかったのです。それで、結婚したら子供がさびしくならないように兄弟をたくさん作ってあげようと思っていました。でも、結婚して5年がたっても子供はできませんでした。もうあきらめようと思った時、今の子供ができて私たち夫婦は幸せな毎日を過ごしています。できればもう一人子供を作ってにぎやかな家庭にしたいです。

問 この人について正しい説明はどれですか。

1　来月、この人は二人の子供の母になります。
2　夫婦はのぞまない子供ができてとても不安に思っています。
3　この人は31才に結婚してすぐ子供ができました。
4　子供は来月、生まれます。

해석 및 해설 02 출산

지문 해석

앞으로 한 달 후에 저는 엄마가 됩니다. 36살이 되고 마침내 처음 아이가 생긴 것입니다. 나는 외동딸로 어렸을 때부터 형제를 갖고 싶었습니다. 그래서 결혼하면 아이가 외롭지 않도록 형제를 많이 만들어 줄 생각이었습니다. 하지만 결혼하고 5년이 지나도 아이가 생기지 않았습니다. 이제 포기해야지라고 생각했을 때 지금의 아이가 생겨서 우리 부부는 행복한 매일을 보내고 있습니다. 가능하다면 한 명 더 낳아서 시끌벅적한 가정을 만들고 싶습니다.

단어

やっと 드디어, 마침내 | 初(はじ)めて 처음 | 一人娘(ひとりむすめ) 외동딸 | 兄弟(きょうだい) 형제 | 結婚(けっこん) 결혼 | さびしい 쓸쓸하다, 외롭다 | たつ 경과하다, 지나다 | あきらめる 포기하다 | 夫婦(ふうふ) 부부 | 幸(しあわ)せだ 행복하다 | 過(す)ごす 보내다, 지내다 | にぎやかだ 북적이다, 떠들썩하다 | 家庭(かてい) 가정 | 不安(ふあん) 불안 | のぞむ 바라다, 희망하다

문제 해설

문 이 사람에 대한 옳은 설명은 무엇입니까?
1 다음 달 이 사람은 두 아이의 엄마가 됩니다.
2 부부는 원치 않는 아이가 생겨서 매우 불안해합니다.
3 이 사람은 31살에 결혼해서 바로 아이가 생겼습니다.
4 아이는 다음 달 태어납니다.

해설 본문 첫째 줄 [あと一ヶ月で私は母になります]의 부분을 보면 4번이 정답임을 알 수 있다. 1번, 다음 달 한 아이의 엄마가 된다고 하였으며, 2번, 다섯째 줄 [もうあきらめようと思った時、〜幸せな毎日を過ごしています]의 부분을 보면 행복한 매일을 보내고 있다고 나와 있으므로 오답이 된다. 3번, 첫째 줄에 결혼한 지 5년이 지난 36살에 드디어 엄마가 된다고 하였으므로 오답이다.

실전 문제 03 튜터

もんだい　つぎの文章を読んで、質問に答えてください。答えは1・2・3・4からいちばんいいものを一つえらんでください。

　私は大学院生ですが、大学でチューターのアルバイトをしています。私の仕事は主に留学生を手伝うことです。まだ、日本語ができない人に日本語を教えたり、レポートの手伝いをしてあげたり、学生生活に関するいろいろなアドバイスをしたりします。

問　チューターの仕事ではないものはどれですか。

1　留学生に日本語を教えます。
2　留学生ができるアルバイトを探します。
3　レポートを書く時、サポートします。
4　学生生活についての相談をします。

해석 및 해설 | 03 튜터

지문 해석

저는 대학원생인데 대학에서 튜터 아르바이트를 하고 있습니다. 저의 일은 주로 유학생을 돕는 것입니다. 아직 일본어를 못하는 사람에게 일본어를 가르치거나 리포트 쓸 때 도움을 주거나 학생 생활에 관한 여러 가지 어드바이스를 하고 있습니다.

단어

大学院生 대학원생 | **チューター** 튜터 | **仕事** 일 | **主に** 주로 | **留学生** 유학생 | **手伝う** 돕다 | **まだ** 아직 | **教える** 가르치다 | **〜てあげる** 〜해 주다 | **学生生活** 학생 생활 | **〜に関する** 〜에 관한 | **いろいろな** 여러 가지(의), 다양한 | **探す** 찾다 | **相談する** 상담하다

문제 해설

> 문 튜터의 일이 아닌 것은 무엇입니까?
>
> 1 유학생에게 일본어를 가르칩니다.
> **2 유학생이 할 수 있는 아르바이트를 찾습니다.**
> 3 리포트를 쓸 때 도와줍니다.
> 4 학생 생활에 대한 상담을 합니다.

해설 유학생의 아르바이트를 찾아 준다는 내용은 본문에 없으므로 2번이 정답이다.

실전 문제 **04 메일**

もんだい　つぎの文章を読んで、質問に答えてください。答えは1・2・3・4からいちばんいいものを一つえらんでください。

これは、ヨナさんから白井さんに届いたメールです。

白井さん

この間、家に招待していただき、ありがとうございました。手巻き寿司もごちそうさまでした。とてもおいしかったです。食べ過ぎて家に帰ってもずっとお腹がいっぱいでした。私は先週、国に帰っていましたので、つまらないものですが、お土産を買いました。どうぞ召し上がってみてください。また会える日を楽しみにしています。

ヨナ

問　このメールを書いた理由は何ですか。

1　白井さんを自分の家に招待するためです。
2　手巻き寿司の作り方を教えてもらうためです。
3　国で買ってきたお土産をあげるためです。
4　帰国すると伝えるためです。

> **해석 및 해설** 04 메일

지문 해석

이것은 연아 씨가 시라이 씨에게 보낸 메일입니다.

> 시라이 씨
>
> 지난번에 집에 초대해 주셔서 감사했습니다. 데마키즈시도 잘 먹었습니다. 너무 맛있었어요. 너무 많이 먹어서 집에 돌아가서도 계속 배가 불렀어요. 저는 지난주 한국에 돌아갔었기 때문에 별 거 아니지만 선물을 샀습니다. 맛있게 드세요. 또 만나뵙게 될 날을 기대하고 있습니다.
>
> 연아

단어

届く 닿다, 미치다 | この間 지난번 | 招待する 초대하다 | 手巻き寿司 데마키즈시(초밥의 한 종류로 자신이 좋아하는 회를 김에 싸서 만들어 먹는 것) | 食べ過ぎる 너무 많이 먹다 | お腹がいっぱいだ 배가 부르다 | つまらないものですが 별 거 아니지만 | お土産 선물 | 召し上がる 드시다 | 楽しみにする 기대하고 있다 | 作り方 만드는 방법 | 帰国 귀국 | 伝える 전하다

문제 해설

문 이 메일을 쓴 이유는 무엇입니까?

1 시라이 씨를 자신의 집으로 초대하기 위해서입니다.
2 데마키즈시 만드는 방법을 배우기 위해서입니다.
3 자국에서 산 선물을 주기 위해서입니다.
4 귀국한다는 말을 전하기 위해서입니다.

해설 메일 앞 부분에서는 일전에 집에 초대해 준 데 대해 감사의 인사를 하고 있으며, 뒷부분에서는 별 거 아니지만 귀국했을 때 산 선물을 먹어 보라고 했으므로 정답은 3번이 된다.

실전 문제 05 유학생 파티

もんだい つぎの文章（ぶんしょう）を読んで、質問に答えてください。答えは1・2・3・4からいちばんいいものを一つえらんでください。

皆さんへのお知らせです。

留学生の皆さんへ

来週の土曜日は留学生パーティーがあります。今回のパーティーは皆さんの国の料理を紹介（しょうかい）しながら遊ぶパーティーなので、参加したい人は自分の国の料理を一つずつ作ってきてください。いろいろな料理を食べて話しながら楽しい時間を過（す）ごしましょう！

留学生代表

問 来週の土曜日は何をすると言っていますか。

1　世界の料理を作る授業をします。
2　自分の国の料理を作ってパーティーをします。
3　料理大会をしてからみんなで食べます。
4　いろいろな国の料理をプレゼンテーションします。

해석 및 해설 05 유학생 파티

지문 해석

공지 사항입니다.

> 유학생 여러분
>
> 다음 주 토요일은 유학생 파티가 있습니다. 이번 파티는 여러분 나라의 요리를 소개하면서 노는 파티이므로 참가하고 싶은 사람은 자기 나라의 요리를 하나씩 만들어 가지고 오십시오. 여러 가지 요리를 먹고 이야기하면서 즐거운 시간을 보냅시다!
>
> 유학생 대표

단어

皆(みな)さん 여러분 | お知(し)らせ 공지, 알림 | 留学生(りゅうがくせい) 유학생 | 来週(らいしゅう) 다음 주 | 土曜日(どようび) 토요일 | 今回(こんかい) 이번 | 紹介(しょうかい)する 소개하다 | 遊(あそ)ぶ 놀다 | 参加(さんか)する 참가하다 | 作(つく)る 만들다 | いろいろな 여러 가지(의), 다양한 | 過(す)ごす 보내다 | 代表(だいひょう) 대표 | 授業(じゅぎょう) 수업 | 大会(たいかい) 대회 | みんなで 다 같이 | プレゼンテーション 프레젠테이션

문제 해설

문 다음 주 토요일은 무엇을 한다고 말하고 있습니까?

1. 세계 요리를 만드는 수업을 합니다.
2. 자기 나라의 요리를 만들어서 파티를 합니다.
3. 요리 대회를 한 후에 다 같이 먹습니다.
4. 여러 나라의 요리를 프리젠테이션합니다.

해설 첫째 줄에 [今回のパーティーは～自分の国の料理を一つずつ作ってきてください]라고 했으므로 정답은 2번이 된다.

실전 문제 06 전화 예절

もんだい つぎの文章を読んで、質問に答えてください。答えは1・2・3・4からいちばんいいものを一つえらんでください。

電話をかける時、何度もかけ直すことのないように、伝えることを考えておくことが必要です。ここでもやはりあいさつをするのは常識です。「いつもお世話になっております。」などのあいさつをしましょう。

用件が終わったら、「ありがとうございました。」「失礼いたしました。」などとあいさつをして電話を切りましょう。

問 本文の内容と合っているものはどれですか。

1 電話をかけて、伝えることがわからないときは、一度電話を切ってよい。
2 電話をかける時は始めと終わりのあいさつをし、伝える内容を考えておくことだ。
3 電話をかける時はあいさつで始まり、あいさつで終わればあとはどうでもよい。
4 あいさつは、「はじめまして」と「さようなら」がよいはずだ。

해석 및 해설 | 06 전화 예절

지문 해석

　전화를 걸 때 몇 번이나 다시 거는 일이 없도록 전할 말을 생각해 두는 것이 필요합니다. 이때도 역시 인사를 하는 것은 상식입니다. '항상 신세지고 있습니다.' 등의 인사를 합시다.

　용건이 끝나면 '고맙습니다.' '실례했습니다.' 등으로 인사를 하고 전화를 끊읍시다.

단어

電話をかける 전화를 걸다 | 何度も 몇 번이나 | かけ直す 다시 걸다 | ～ないように ～하지 않도록 | 伝える 전하다 | 考える 생각하다 | ～ておく ～해 두다 | 必要だ 필요하다 | やはり 역시 | あいさつをする 인사를 하다 | 常識 상식 | お世話になる 신세를 지다 | 用件 용건 | 終わる 끝나다 | ～たら ～하면 | 失礼いたす 실례하다〈겸양〉 | 電話を切る 전화를 끊다 | 始め 시작 | 終わり 끝 | 内容 내용 | ～ことだ ～해야 한다 | 始まる 시작되다 | ～はずだ ～일 터이다

문제 해설

문　본문의 내용과 맞는 것은 어느 것입니까?

1　전화를 걸어 전할 말을 모를 때에는 한 번 전화를 끊어도 된다.
2　전화를 걸 때에는 처음과 끝의 인사를 하고 전할 내용을 생각해 두어야 한다.
3　전화를 걸 때에는 인사로 시작하고 인사로 끝내면 그 뒤는 어떻게 해도 좋다.
4　인사는 '처음 뵙겠습니다'와 '안녕히 계세요'가 좋을 것이다.

해설　첫 번째 문장 [電話をかける時、何度もかけ直すことのないように、伝えることを考えておくことが必要です]라고 했으므로 선택지 1번, 3번은 답이 아니다. 그리고 본문은 전화 예절에 관한 언급이므로 선택지 4번의 인사는 적당하지 않다. 따라서 정답은 본문의 내용을 잘 요약한 2번이다.

실전 문제 **07 일과 연애**

もんだい　つぎの文章を読んで、質問に答えてください。答えは1・2・3・4からいちばんいいものを一つえらんでください。

仕事が上手にできる女性のなかには、男性とつきあうのが下手な人がかなりいます。もともと恋愛が上手ではない人はたくさんいると思います。また、20代前半までは普通に恋愛していたと思っていたのに、会社で上に上がれば上がるほど、男性とのつきあいが難しくなる女性が増えています。

問　本文の内容と合っているものを一つえらんでください。

1　仕事のできる人のなかには、恋愛も上手な人が多い。
2　仕事が下手な人のなかには、恋愛も下手な人が多い。
3　仕事のできる人のなかには、恋愛がうまくできない人が多い。
4　仕事のできない人が、恋愛は上手にできるかもしれない。

해석 및 해설 · 07 일과 연애

지문 해석

　일을 능숙하게 잘하는 여성 중에는 남성과 사귀는 일에 서툰 사람이 꽤 있습니다. 원래 연애를 잘하지 못하는 사람은 많다고 생각합니다. 또, 20대 초반까지는 보통으로 연애하고 있었다고 생각했는데, 회사에서 위로 올라가면 올라갈수록 남자와 사귀는 일이 어려워지는 여성이 늘고 있습니다.

단어

仕事(しごと)ができる 일을 잘하다 | 上手(じょうず)だ 잘하다, 능숙하다 | 女性(じょせい) 여성 | 男性(だんせい) 남성 | つきあう 사귀다 | 下手(へた)だ 서투르다, 못하다 | かなり 꽤, 상당히 | もともと 원래 | 恋愛(れんあい) 연애 | たくさん 많이 | ～と思(おも)う ～라고 생각하다 | また 또 | ～代(だい) ～대 | 前半(ぜんはん) 전반, 초반 | 普通(ふつう)に 보통으로, 평범하게 | ～のに ～인데 | 上(うえ)に上(あ)がる 위로 올라가다 | ～ば～ほど ～하면 ～할수록 | つきあい 만남, 교제 | 難(むずか)しい 어렵다 | 増(ふ)える 늘다, 증가하다 | うまく 잘, 능숙하게 | ～かもしれない ～일지도 모르다

문제 해설

문 본문의 내용과 맞는 것을 하나 고르시오.

1　일을 잘하는 사람 중에는 연애도 잘하는 사람이 많다.
2　일을 잘 못하는 사람 중에는 연애도 잘 못하는 사람이 많다.
3　일을 잘하는 사람 중에는 연애를 잘 못하는 사람이 많다.
4　일을 잘 못하는 사람이 연애는 잘할지도 모른다.

해설 첫 문장 [仕事が上手にできる女性のなかには、男性とつきあうのが下手な人がかなりいます]에서 바로 답이 3번임을 알 수 있다.

| 실전 문제 | **08 자동차 판매**

もんだい つぎの文章を読んで、質問に答えてください。答えは1・2・3・4からいちばんいいものを一つえらんでください。

車が売れなくなったとずいぶん前から言われ続けています。原因としては、景気が悪くなったことやわかものの趣味などが変わっていること、そのうえ、それらをカバーすることができるモデルがないことなどがあげられています。しかし、どれもはっきりしていないようです。車はどうして売れないのでしょうか。

問 本文の内容と合っているものはどれですか。

1　車が売れなくなった理由はわかっていない。
2　車が売れなくなった理由は、景気が悪くなったせいだ。
3　車が売れなくなったのは、最近のことである。
4　車が売れないのは、よいデザインの車がないからだ。

해석 및 해설 08 자동차 판매

지문 해석

차가 팔리지 않게 되었다는 말을 꽤 오래 전부터 듣고 있습니다. 원인으로는 경기가 나빠진 것이나 젊은이들의 취미 등이 바뀌고 있는 것, 게다가 그것들을 커버할 수 있는 모델이 없다는 것 등이 거론되고 있습니다. 하지만 그 어느 것도 확실하지 않은 듯합니다. 차는 왜 팔리지 않는 걸까요?

단어

車(くるま) 차 | 売(う)れる 팔리다 | ずいぶん 꽤, 상당히 | ~続(つづ)ける 계속 ~하다 | 原因(げんいん) 원인 | ~として ~로서 | 景気(けいき) 경기 | 悪(わる)い 나쁘다 | ~や~など ~나 ~등 | わかもの 젊은이, 청년 | 趣味(しゅみ) 취미 | ~こと ~것 | そのうえ 게다가, 또한 | ~ら ~들 | カバーする 커버하다 | ~ことができる ~할 수 있다 | モデル 모델 | あげられる 거론되다 | どれも 어느 것이나, 모두 | はっきりしていない 확실하지 않다 | ~ようだ ~인 듯하다 | どうして 왜, 어째서 | 理由(りゆう) 이유 | ~せいだ ~탓이다 | 最近(さいきん) 최근, 요즘 | デザイン 디자인 | ~からだ ~때문이다

문제 해설

문 본문의 내용과 일치하는 것은 어느 것입니까?
1 차가 팔리지 않게 된 이유는 모른다.
2 차가 팔리지 않게 된 이유는 경기가 나빠진 탓이다.
3 차가 팔리지 않게 된 것은 최근의 일이다.
4 차가 팔리지 않는 것은 좋은 디자인의 차가 없기 때문이다.

해설 차가 팔리지 않게 된 원인으로 경기가 나빠진 것, 젊은이들의 취미가 바뀐 것, 그러한 것들을 커버할 수 있는 모델이 없다는 것 등을 들고 있으나, 그 어느 것도 확실하지는 않다고 했으므로 정답은 1번이 된다.

실전 문제 09 가든룸

もんだい　つぎの文章を読んで、質問に答えてください。答えは1・2・3・4からいちばんいいものを一つえらんでください。

　むかしは外で犬を飼っていたそうですが、人と犬がもっと仲よく、もっと気持ちよく生活できるようにしたくて、ガーデンルームをつくる家が増えています。

　今までは使っていなかった場所を、ご主人と中学生のむすめさん、そしてかわいい犬といっしょに生きていくご家族のライフスタイルに、とてもすてきな変化が起こりました。

問　ガーデンルームについて正しいものをえらんでください。

1　ガーデンルームは、家族やペットのためのすてきな空間である。
2　ガーデンルームは、ペットのためにつくられたりっぱな空間である。
3　ペットのために、使っていた部屋をこわして、新しくつくった空間である。
4　ペットは外で、人は中ですてきな生活をするためにつくられた部屋である。

해석 및 해설 09 가든룸

지문 해석

옛날에는 밖에서 개를 길렀다고 하는데, 사람과 개가 좀 더 사이좋게, 좀 더 기분 좋게 생활할 수 있도록 하고 싶어서 가든룸을 만드는 가정이 늘고 있습니다.

지금까지는 사용하지 않았던 장소를 남편과 중학생 딸, 그리고 귀여운 개와 함께 살아가는 가족의 라이프 스타일에 매우 멋진 변화가 일어났습니다.

단어

犬 개 | 飼う 기르다, 사육하다 | ～そうだ ～라고 한다 | 仲よく 사이좋게 | 気持ちよく 기분 좋게 | 生活 생활 | ～ようにする ～하게 하다 | ガーデンルーム 가든룸 | つくる 만들다 | 使う 사용하다 | 場所 장소 | ご主人 남편분 | 中学生 중학생 | むすめさん 따님 | かわいい 귀엽다, 예쁘다 | 生きていく 살아가다 | ライフスタイル 라이프 스타일 | すてきだ 멋지다 | 変化 변화 | 起こる 일어나다 | ペット 애완동물 | ～のための ～을 위한 | 空間 공간 | りっぱだ 훌륭하다 | 部屋 방 | こわす 부수다 | 新しい 새롭다

문제 해설

문 가든룸에 대해 올바른 것을 고르시오.
1. 가든룸은 가족이나 애완동물을 위한 멋진 공간이다.
2. 가든룸은 애완동물을 위해 만들어진 훌륭한 공간이다.
3. 애완동물을 위해 사용하던 방을 부수고 새로 만든 공간이다.
4. 애완동물은 밖에서, 사람은 안에서 멋진 생활을 하기 위해 만들어진 방이다.

해설 본문의 첫 문장 [人と犬がもっと仲よく、もっと気持ちよく生活できるようにしたくて、ガーデンルームをつくる]에서 1번이 정답임을 알 수 있다.

실전 문제 10 가게 선택

もんだい　つぎの文章を読んで、質問に答えてください。答えは1・2・3・4からいちばんいいものを一つえらんでください。

　時々、ハンバーガーショップへ行きます。ハンバーガーを食べることだけが目的で行くときはこっちの店へ、店内でゆっくりしたいときはあっちの店へ、というふうに場合によって利用する店が変わります。みなさんも、気分や食欲、いっしょに行く人などによってお店をえらんでいませんか？

　そんなお客さんの気分がわかると、お店にとってもメニューやサービス、そして店内の雰囲気などをかえるときに役に立つのではないでしょうか。

問　この文章の内容と合っているのはどれですか。

1　メニューやサービス、店の雰囲気が変わるとお客さんが来る。
2　行く目的やいっしょに行く人などによって利用する店が変わる。
3　ハンバーガーを食べるとき、いつも利用する店がある。
4　店のメニューや雰囲気がわかると店をえらぶときに役に立つ。

해석 및 해설 | 10 가게 선택

지문 해석

　가끔 햄버거 가게에 갑니다. 햄버거를 먹기 위한 목적으로만 갈 때는 이쪽 가게에, 가게 안에서 느긋하게 있고 싶을 때에는 저쪽 가게에, 이런 식으로 경우에 따라 이용하는 가게가 바뀝니다. 여러분도 기분이나 식욕, 같이 가는 사람 등에 따라 가게를 고르지 않습니까?

　그런 손님의 기분을 알면 가게 쪽에서도 메뉴나 서비스, 그리고 가게 안의 분위기 등을 바꿀 때에 도움이 되지 않을까요?

단어

時々 때때로, 가끔 | **ハンバーガーショップ** 햄버거 가게 | **〜だけ** ~만 | **目的** 목적 | **店内** 점내, 가게 안 | **ゆっくり** 느긋이 | **店** 가게 | **〜ふうに** ~식으로 | **場合** 경우 | **〜によって** ~에 따라 | **利用する** 이용하다 | **気分** 기분 | **食欲** 식욕 | **えらぶ** 고르다 | **お客さん** 손님 | **〜にとって** ~에게 있어서 | **メニュー** 메뉴 | **サービス** 서비스 | **雰囲気** 분위기 | **かえる** 바꾸다 | **役に立つ** 도움이 되다

문제 해설

문 이 글의 내용과 맞는 것은 어느 것입니까?

1　메뉴나 서비스, 가게 분위기가 바뀌면 손님이 온다.
2　가는 목적이나 같이 가는 사람 등에 따라 이용하는 가게가 달라진다.
3　햄버거를 먹을 때 언제나 이용하는 가게가 있다.
4　가게의 메뉴나 분위기를 알면 가게를 고를 때 도움이 된다.

해설 본문의 첫 번째 단락 [ハンバーガーを食べることだけが目的で行くときはこっちの店へ、〜気分や食欲、いっしょに行く人などによってお店をえらんでいませんか？]에서 답이 2번임을 알 수 있다.

실전 문제 **11 아이의 교육**

もんだい　つぎの文章を読んで、質問に答えてください。答えは1・2・3・4
　　　　　からいちばんいいものを一つえらんでください。

　子どもがやりたいと言ったことはやらせてあげたほうがいいです。初めは、簡単なこと、短い時間でできることから始めましょう。そして、お手伝いしてくれたことをほめましょう。子どもはお手伝いしたことをほめられると、またがんばりたくなります。上手にできなかったとしても、しかったり怒ったりしてはいけません。自分でするほうが楽な場合が多いかもしれませんが、ここは、温かい目で見守りましょう。

問　この文章で筆者が言いたいことは何ですか。

1　子どもをほめるのは子どもに何かをさせるためだ。
2　子どもがやりたいことはやらせたほうがいい。
3　親は子どもにさせるより自分でするほうが楽だ。
4　親は自分の子どもに手伝ってもらいたがる。

해석 및 해설 11 아이의 교육

지문 해석

아이가 하고 싶다고 말한 것은 하게 해 주는 편이 좋습니다. 처음에는 간단한 것, 단시간에 할 수 있는 것부터 시작합시다. 그리고 도와준 것을 칭찬합시다. 아이들은 도와준 것에 칭찬을 받으면, 또 노력하고 싶어집니다. 잘하지 못했더라도 혼내거나 화내서는 안 됩니다. 자기가 하는 편이 편한 경우가 많을지도 모르지만, 이럴 땐 따뜻한 눈으로 지켜봅시다.

단어

やらせる 하게 하다, 시키다 | ～てあげる ～해 주다(나→남) | ～たほうがいい ～하는 편이 좋다 | 初めは 처음에는 | 簡単だ 간단하다 | 短い 짧다 | 時間 시간 | 始める 시작하다 | お手伝い 도와줌 | ～てくれる ～해 주다(남→나) | ほめる 칭찬하다 | がんばる 힘내다 | ～としても ～라고 해도 | しかる 야단치다 | 怒る 화내다 | ～てはいけない ～해서는 안 되다 | 自分で 스스로 | 楽だ 편하다 | ～かもしれない ～일지도 모르다 | 場合 경우 | 温かい 따뜻하다 | 見守る 지켜보다 | ～ために ～하기 위함이다 | 親 부모 | ～より ～보다 | ～てもらう ～해 받다 | ～たがる ～하고 싶어 하다

문제 해설

> 문 이 글에서 필자가 말하고 싶은 것은 무엇입니까?
> 1 아이를 칭찬하는 것은 아이에게 무언가를 시키기 위해서다.
> **2 아이가 하고 싶어 하는 것은 하게 하는 편이 좋다.**
> 3 부모는 아이에게 시키기보다 스스로 하는 것이 편하다.
> 4 부모는 자신의 아이에게 도움을 받고 싶어 한다.

해설 필자의 생각은 첫 문장 [子どもがやりたいと言ったことはやらせてあげたほうがいいです]에 바로 나타나 있다. 그 뒤의 문장은 필자가 자신의 생각을 뒷받침하기 위한 부연 설명이다. 따라서 답은 2번이 된다.

실전 문제 12 대화 방법의 차이

もんだい つぎの文章を読んで、質問に答えてください。答えは1・2・3・4からいちばんいいものを一つえらんでください。

電話と直接の会話の違いはなんでしょう。「話しているお互いの表情が見えない」「言葉ですべてを表現しなければならない」というのが大きな違いです。

話していて相手の表情が見えないと、わかってもらっているのか不安になりますね。それは相手も同じです。会って話すよりも、どんな意味で言っているのかがわかりにくくなって、電話だとスムーズに話せなくなってしまうこともあるでしょう。

問 電話と直接の会話の違いとは何ですか。

1 電話だとスムーズに話せるが、直接の会話だとスムーズに話せないということ
2 言葉だけで表現するしかないから、お互いの気持ちがわかりにくいということ
3 相手の表情が見えないから、どんなことでも話せるということ
4 いつもどんな意味で言っているのかわからないときがあるということ

해석 및 해설 | 12 대화 방법의 차이

지문 해석

　전화와 직접 만나서 하는 대화의 차이는 무엇일까요? '이야기하고 있는 서로의 표정이 보이지 않는다' '말로 모든 것을 표현하지 않으면 안 된다'라는 것이 큰 차이입니다.

　이야기하는데 상대의 표정이 보이지 않으면 이해하고 있는지 불안해지지요? 그것은 상대도 마찬가지입니다. 만나서 이야기하는 것보다 어떤 의미로 말하고 있는지를 알 수 없게 되어, 전화로 하면 원활하게 이야기할 수 없게 되는 경우도 있겠지요.

단어

直接 직접 | 違い 차이 | お互い 서로 | 表情 표정 | 見える 보이다 | 言葉 말, 단어 | すべて 모든 것 | 表現する 표현하다 | 大きな 큰, 커다란 | ～なければならない ～하지 않으면 안 되다 | 相手 상대 | 不安 불안 | 同じだ 같다, 마찬가지다 | ～よりも ～보다도 | 意味 의미 | ～にくい ～하기 어렵다 | スムーズに 원활하게 | ～てしまう ～해 버리다 | ～こともある ～할 때도 있다 | ～だけで ～만으로 | ～しかない ～밖에 없다 | 気持ち 마음, 기분 | たまに 때때로, 가끔

문제 해설

> 문　전화와 직접 만나서 하는 대화의 차이란 무엇입니까?
> 1　전화로 하면 원활하게 말할 수 있지만, 직접 만나서 대화하면 원활하게 말할 수 없다는 점
> **2**　말만으로 표현할 수밖에 없기 때문에, 서로의 기분을 알기 어렵다는 점
> 3　상대방의 표정이 보이지 않기 때문에, 어떤 이야기라도 할 수 있다는 점
> 4　늘 어떤 의미로 말하고 있는지 알 수 없을 때가 있다는 점

해설 첫째 줄 [「話しているお互いの表情が見えない」「言葉ですべてを表現しなければならない」というのが大きな違いです]에서 답이 2번임을 알 수 있다.

실전 문제 **13** 아이의 특징

もんだい　つぎの文章を読んで、質問に答えてください。答えは1・2・3・4からいちばんいいものを一つえらんでください。

　子どもは2歳になると、急に話すことばが増え、ことばでコミュニケーションをとることができるようになってきます。ですから、「なぜいけないのか」「どうしてしなければならないのか」などの理由を教えることができるようになります。

　また、自分でいろいろなことをしたがり、自分の力でできることも増えてきますが、まだまだ思うようにできないこともたくさんあります。やりたがることは危険なことでなければ、どんどんやらせてあげましょう。

問　2歳になった子どもについて正しいのはどれですか。

1　やりたいことでも危険なことだと言われたらやらない。
2　理由を説明してあげても、なぜいけないのかわからない。
3　自分の力でなんでもできるようになって自信を持つ。
4　話せることばが増えるし、いろいろなことを自分でやりたがる。

해석 및 해설 | 13 아이의 특징

지문 해석

　아이는 두 살이 되면 갑자기 말하는 단어가 늘어, 말로 커뮤니케이션을 할 수 있게 됩니다. 그래서 '왜 안 되는가' '어째서 하지 않으면 안 되는가' 등의 이유를 가르칠 수 있게 됩니다.

　또, 스스로 여러 가지 일을 하고 싶어 하고, 자신의 힘으로 할 수 있는 것도 늘어나지만, 아직도 생각대로 할 수 없는 것도 많이 있습니다. 하고 싶어 하는 것이 위험한 일이 아니라면 자꾸 하게 해 줍시다.

단어

急に 갑자기 | **増える** 늘다 | **～ことができる** ～할 수 있다 | **コミュニケーションをとる** 커뮤니케이션을 하다 | **～ようになる** ～하게 되다 | **いけない** 안 되다 | **～といった** ～라는 | **理由** 이유 | **教える** 가르치다 | **自分で** 스스로 | **いろいろな** 다양한 | **～たがる** ～하고 싶어 하다 | **力** 힘 | **～ように** ～처럼 | **たくさん** 많이 | **危険** 위험 | **～でなければ** ～가 아니면 | **どんどん** 자꾸, 계속해서 | **説明する** 설명하다 | **なんでも** 뭐든지 | **自信** 자신 | **持つ** 가지다 | **～し** ～하고

문제 해설

> **문** 두 살이 된 아이에 대해 올바른 것은 어느 것입니까?
> 1　하고 싶은 일이라도 위험한 일이라는 말을 들으면 하지 않는다.
> 2　이유를 설명해 주어도 왜 안 되는 것인지 이해를 못한다.
> 3　자신의 힘으로 뭐든지 할 수 있게 되어 자신감이 붙는다.
> 4　말할 수 있는 단어가 늘고 여러 가지 일들을 스스로 하고 싶어 한다.

해설 선택지 1번, 3번에 대한 내용은 본문에 나와 있지 않으며, 2번은 이유를 가르칠 수 있게 된다고 했으므로 답이 아니다. 따라서 답은 첫 문장의 [2歳になると、急に話すことばが増え～]와 두 번째 단락 [自分でいろいろなことをしたがり～]를 통해 4번임을 알 수 있다.

2 | 내용 이해 – 중문 공략하기

문제 유형 분석

내용 이해 – 중문은 일상적인 화제나 장면을 소재로 하여 쉽게 쓴 450자 정도의 글로, 키워드나 인과관계, 이유, 필자의 생각 등을 이해할 수 있는지를 묻는 문제이다. 한 지문에 4문항이 출제된다. 총 1지문 4문제를 15분 정도에 풀도록 하자.

문제 풀이 비법

1. 한 지문당 4문항이 출제되며, 크게 3부분으로 나누어서 생각하여 단락별로 하고자 하는 이야기를 파악하면 된다. 기본적으로 첫 번째 단락은 말하고자 하는 주제를 들 것이고, 두 번째 단락은 그에 대한 설명, 마지막 단락은 결론으로 구성된다. 단락마다 이야기하고자 하는 부분은 하나이므로, 접속되는 표현 등에 주의하면 쉽게 글 전체를 이해할 수 있을 것이다.
2. 〈필자가 가장 말하고 싶어 하는 것은 무엇인가?〉〈밑줄 친 부분에 대한 필자의 생각은 무엇인가?〉 등의 질문에 대한 정답은 대부분 글의 후반부에 힌트가 있다.
3. 밑줄 친 부분의 내용을 묻는 문제는 그 부분의 바로 앞뒤 내용을 주의해서 읽어야 한다. 단, 밑줄 친 부분이 문장의 첫 부분에 해당한다면 정답은 글의 후반부, 즉 결론 부분에 있을 가능성이 높다. 밑줄이 없는 문제는 보기를 대입시켜 순서대로 풀면서 본문을 읽어 나가는 것이 효율적일 수도 있다. 괄호 안에 접속사나 지시사를 넣는 문제는 문법의 '문장의 문법'에서 출제되므로 여기서 다루지 않는다.

실전 문제 01 니트족

もんだい つぎの文章を読んで、質問に答えてください。答えは1・2・3・4から、いちばんいいものを一つえらんでください。

　ニートとは学校にも行かない、仕事もしない、それに働こうともしない若い人たちをあらわします。青年たちがニートになった理由はいろいろあると思われますが、まずは景気が悪くてちゃんと学校で勉強しても自分ののぞんでいるところにしゅうしょくできないから、教育を受けることをあきらめることになってしまうのです。また、親と一緒に住めば自分ががんばらなくても生活するのに問題ないと思って働こうとしないケースもあるし、以前、仕事をした時のストレスやプレッシャーからにげだしたケースもあるでしょう。何がしたい、何になりたいという希望を持たないで、意味のない人生をすごしているのです。これは自分自身だけではなく、社会的にも(　　　　　)。会社に入ってお金をためろというものではありません。とにかく自分が好きなこと、自分ができること、やる気を出させることが何かをさがさなければならないと思います。ニートの一番大きな問題は仕事をしないより、仕事する意志が全くないことにありますから、社会的な対策はその次でしょう。

問1　ニートの理由として合っているものは何ですか。

1　大学を出ないと働くところがないから
2　家事が大変で仕事ができないから
3　親がずっと一緒に生活してほしいと言っているから
4　前の仕事がすごく大変だったから

問2　ニートはどんな人ですか。

1　会社に入らない人
2　アルバイトだけしている人
3　親と一緒に住む人
4　教育や仕事にやる気がない人

問3　(　　　　　　)に入る言葉として正しいものはどれですか。

1　プラスになりません。
2　マイナスになりません。
3　役(やく)に立(た)ちます。
4　いいところもあります。

問4　本文の内容に合っているものは何ですか。

1　仕事をしたがらない人は社会に出てほしくありません。
2　ニートの一番大きな問題は働くところがないことです。
3　仕事をしないとストレスもたまらないから、幸(しあわ)せな人生をすごせるようになります。
4　希望どおりにしゅうしょくできないと、学(まな)ぶことをあきらめてニートになるのです。

해석 및 해설 01 니트족

지문 해석

　니트라는 것은 학교에도 가지 않고, 일도 안 하고, 게다가 일하고자 하는 의지도 없는 젊은 사람들을 가리킵니다. 청년들이 니트가 된 이유는 여러 가지 있다고 생각되지만 우선 경기가 안 좋아서 착실히 학교에서 공부해도 자신이 희망하는 곳에 취업을 못하기 때문에 교육 받는 것을 포기해 버리는 것입니다. 또한 부모와 같이 살면 자신이 노력하지 않아도 생활하는 데에 문제가 없다고 생각해 일하려고 하지 않는 경우도 있고 이전에 일을 했을 때의 스트레스와 압박으로부터 도망친 케이스도 있을 것입니다. 무엇이 하고 싶다, 무엇이 되고 싶다는 희망을 가지지 않고 의미 없는 인생을 보내고 있는 것입니다. 이것은 자기 자신뿐만 아니라 사회적으로도 (　　　). 회사에 들어가서 돈을 모으라고 말하는 것이 아닙니다. 어쨌든 자신이 좋아하는 일, 자신이 할 수 있는 일, 의욕이 생기는 일이 무엇인지를 찾지 않으면 안 된다고 생각합니다. 니트의 가장 큰 문제는 일을 하지 않는 것보다 일할 의지가 전혀 없는 것에 있기 때문에 사회적인 대책은 그 다음일 것입니다.

단어

働く 일하다 | 若い 젊다 | あらわす 나타내다 | 青年 청년 | 理由 이유 | 景気 경기 | ちゃんと 제대로, 확실히 | のぞむ 바라다, 희망하다 | しゅうしょく 취직 | 教育を受ける 교육을 받다 | あきらめる 포기하다 | 親 부모 | 住む 살다 | がんばる 노력하다 | 生活 생활 | 問題 문제 | 以前 이전 | ストレス 스트레스 | プレッシャー 압박 | にげだす 도망치다 | 希望 희망 | 意味 의미 | 人生 인생 | すごす 보내다, 지내다 | 自分自身 자기 자신 | 社会的 사회적 | お金をためる 돈을 모으다 | とにかく 어찌 됐든 | やる気 의욕, 의지 | さがす 찾다 | 意志 의지 | 全く 전혀 | 対策 대책 | 次 다음 | 家事 집안일, 가사 | ～てほしい ～하길 바라다 | すごい 굉장하다 | 役に立つ 도움이 되다, 유용하다 | ストレスがたまる 스트레스가 쌓이다 | 学ぶ 배우다

문제 해설

문1 니트의 이유로써 일치하는 것은 무엇입니까?

1　대학을 나오지 않으면 일할 곳이 없기 때문에
2　집안일이 힘들어서 일을 할 수 없기 때문에
3　부모가 쭉 함께 생활하길 바란다고 말하고 있기 때문에
4　이전의 일이 너무 힘들었기 때문에

해설 본문에서 거론한 니트의 이유는 셋째 줄 [まずは景気が悪くてちゃんと〜以前、仕事をした時のストレスやプレッシャーからにげだしたケースもあるでしょう]의 부분에 나와 있고, 이것과 일치하는 4번이 정답이 된다.

문2 니트는 어떤 사람입니까?

1 회사에 들어가지 않은 사람
2 아르바이트만 하고 있는 사람
3 부모와 같이 사는 사람
4 교육이나 일에 의지가 없는 사람

해설 니트의 정의는 본문 첫째 줄 [ニートとは〜それに働こうともしない若い人たちをあらわします]의 부분을 보면 알 수 있다. 교육 받고자 하지 않으며 일하려는 의지가 없는 사람을 니트라고 설명하였으므로 4번이 정답이다.

문3 (   )에 들어갈 말로 옳은 것은 무엇입니까?

1 플러스가 되지 않습니다.
2 마이너스가 되지 않습니다.
3 도움이 됩니다.
4 좋은 점도 있습니다.

해설 빈칸 앞 문장과 이어지는 내용이 나와야 한다. [何がしたい、何になりたいという希望を持たないで、意味のない人生をすごしているのです]의 부분을 보면 무엇을 하고 싶다, 무엇이 되고 싶다는 희망 없이 의미 없는 인생을 살고 있는 것이라고 하였다. 그러므로 부정적 표현으로 이어지는 것이 자연스러운 흐름이다. 그러므로 1번이 정답이 된다.

문4 본문의 내용과 일치하는 것은 무엇입니까?

1 일을 하고 싶어 하지 않는 사람은 사회에 나오지 않기를 바랍니다.
2 니트의 가장 큰 문제는 일할 곳이 없는 점입니다.
3 일을 하지 않으면 스트레스도 쌓이지 않기 때문에 행복한 인생을 보낼 수 있게 됩니다.
4 희망대로 취직하지 못하면 배우는 것을 포기해 니트가 됩니다.

해설 1번과 3번 내용은 본문에 나와 있지 않고, 2번, 본문 끝부분에 니트의 가장 큰 문제는 일하려는 의지가 전혀 없는 것에 있다고 하였으므로 오답. 4번, 셋째 줄 [まずは景気が悪くてちゃんと〜教育を受けることをあきらめることになってしまうのです]를 보면 일치하는 내용임을 알 수 있다.

2. 내용 이해 – 중문 공략하기

실전 문제 02 한복

もんだい つぎの文章を読んで、質問に答えてください。答えは1・2・3・4から、いちばんいいものを一つえらんでください。

日本人は着物をたくさん着ると思います。二十歳になった時、大学を卒業する時、結婚式の時などに着ます。でも韓国ではハンボクを着る人が少なくなっていると思います。むかしはお正月やチュソクの時にハンボクを着ましたが、さいきんはあまり着る人がいません。

また、韓国では赤ちゃんが生まれて一歳になるとパーティーをしますが、その時、こどもも親もハンボクを着ます。でもさいきんはハンボクではない服を着る人も多いです。①私はそれを見てさびしく思いました。かわいくてすてきなハンボクがたくさんありますから多くの人に着てもらいたいです。韓国人だけではなく、外国人も韓国のきれいなハンボクを着てほしいです。韓国の有名な人気スポットであるインサドンとかキョンボックンなどでハンボクを着ている人たちを見ると、とてもうれしくなります。みんなとてもかわいいし、すてきに見えます。ハンボクを着てキョンボックンに行くと無料で入ることができるそうです。それは韓国の人にも旅行をする外国の人にもとてもいいことだと思います。ハンボクを着ることも韓国文化の一つなので、たくさんの人が②ハンボクを着てほしいです。

問1　日本人はいつ着物を着ますか。

1　こどもが一歳になった時
2　人気スポットに行く時
3　成人(せいじん)になった時
4　お正月などのしんせきに会う時

問2　①私はそれを見てさびしく思いましたの理由は何ですか。

1　赤ちゃんの一歳(いっさい)の誕生日(たんじょうび)パーティーがなくなったから
2　ハンボクが着たいのに、借(か)りるところがないから
3　ハンボクよりきれいな服がどんどん出ているから
4　ハンボクを着ない人が多くなっているから

問3　②ハンボクを着てほしいですの理由は何ですか。

1　ハンボクを着ることも韓国文化だから
2　キョンボックンに無料で入ることができるから
3　ハンボク姿(すがた)がみんなすてきだから
4　韓国人が着ないと外国人も着ないから

問4　本文のないようと合っていないものはどれですか。

1　韓国人がハンボクを着る機会(きかい)より日本人が着物を着る機会が多いです。
2　韓国文化を広げるために多くの人ががんばっています。
3　ハンボクを着ることも韓国文化を守(まも)る方法(ほうほう)です。
4　韓国の有名な観光地(かんこうち)にハンボクを着ていく人がいます。

해석 및 해설 02 한복

지문 해석

　일본인은 기모노를 많이 입는다고 생각합니다. 스무 살이 되었을 때, 대학을 졸업할 때, 결혼식 때 등에 입습니다. 하지만 한국에서는 한복을 입는 사람이 적어진 것 같습니다. 예전에는 설날이나 추석 때 한복을 입었는데 요즘은 별로 입는 사람이 없습니다.

　또 한국에서는 아기가 태어나서 한 살이 되면 파티를 하는데, 그때 아기도 부모도 한복을 입습니다. 하지만 요즘은 한복이 아닌 옷을 입는 사람도 많습니다. ①저는 그것을 보고 안타깝다고 생각했습니다. 예쁘고 근사한 한복이 많이 있으니까 많은 사람들이 입었으면 합니다. 한국인뿐만 아니라, 외국인도 한국의 예쁜 한복을 입었으면 좋겠습니다. 한국의 유명한 인기 스폿인 인사동이나 경복궁에서 한복을 입고 있는 사람을 보면 매우 기뻐집니다. 모두 너무 귀엽고 근사해 보입니다. 한복을 입고 경복궁에 가면 무료로 들어갈 수 있다고 합니다. 그것은 한국 사람에게도 여행을 하는 외국 사람에게도 아주 좋은 일이라고 생각합니다. 한복을 입는 일도 한국 문화의 하나이기 때문에 많은 사람들이 ②한복을 입었으면 좋겠습니다.

단어

着物 기모노 | 着る 입다 | 二十歳 스무 살 | 卒業する 졸업하다 | 結婚式 결혼식 | 正月 정월, 설날 | 赤ちゃん 아기 | 生まれる 태어나다 | 一歳 한 살 | 親 부모 | 服 옷 | 人気スポット 인기 스폿 | すてきに 근사하게 | 無料 무료 | 旅行 여행 | 韓国文化 한국 문화

문제 해설

문1 일본인은 언제 기모노를 입습니까?

1　아이가 한 살이 되었을 때
2　인기 스폿에 갈 때
3　성인이 되었을 때
4　설날 등 친척을 만날 때

해설　첫째 줄을 보면 알 수 있다. [二十歳になった時、大学を卒業する時、結婚式の時などに着ます]라고 되어 있다. 그러므로 정답은 3번이다.

문2 ①저는 그것을 보고 안타깝다고 생각했습니다의 이유는 무엇입니까?

1   아기의 한 살 생일 파티가 없어져서
2   한복을 입고 싶은데 빌릴 곳이 없어서
3   한복보다 예쁜 옷이 계속 나오고 있어서
4   한복을 입지 않는 사람이 많아져서

해설 밑줄 앞 부분을 보면 알 수 있다. 돌잔치에서 한복이 아닌 다른 옷을 입는 것을 보고 안타깝게 생각했다고 했으므로 정답은 4번이 된다.

문3 ②한복을 입었으면 좋겠습니다의 이유는 무엇입니까?

1   한복을 입는 것도 한국 문화이기 때문에
2   경복궁에 무료로 들어갈 수 있기 때문에
3   한복 자태가 모두 근사하기 때문에
4   한국인이 입지 않으면 외국인도 입지 않기 때문에

해설 밑줄 앞부분을 보면 알 수 있다. 한복을 입는 것도 한국 문화의 하나라고 언급하며 한복을 많이 입었으면 좋겠다고 말하고 있다. 그러므로 정답은 1번이 된다.

문4 본문의 내용과 일치하지 않는 것은 무엇입니까?

1   한국인이 한복을 입을 기회보다 일본인이 기모노를 입을 기회가 많습니다.
2   한국 문화를 확산시키기 위해서 많은 사람들이 노력하고 있습니다.
3   한복을 입는 것도 한국 문화를 지키는 방법입니다.
4   한국의 유명한 관광지에 한복을 입고 가는 사람이 있습니다.

해설 1번, 첫 부분에 일본에서는 성인식, 졸업식, 결혼식 등에 전통 의상인 기모노를 입는다고 설명하고 있다. 3번, 밑줄 ②번 앞 내용에 한복을 입는 것도 한국 문화의 하나라고 했다. 4번, 인사동이나 경복궁에 한복을 입고 여행하는 사람이 있다고 했다. 2번 선택지와 같은 내용은 본문에 없으므로 2번이 정답이다.

실전 문제 03 여행

もんだい つぎの文章を読んで、質問に答えてください。答えは1・2・3・4から、いちばんいいものを一つえらんでください。

　人によって旅行を楽しむ方法は違います。おいしいものを食べるのが好きな人、買い物が好きな人、有名なところに行くことが好きな人などみんなそれぞれでしょう。
　私も旅行が大好きで毎年旅行に行きます。旅行をすると気分転換にもなるし、新しいことを見たり、聞いたりすることができて勉強にもなります。私の場合は、その時の気分によって旅行の仕方が変わります。時にはあちらこちらに行くのが好きで、時には何もしないでゆっくり休むのが好きです。私は今まで一人で旅行したことがなく、家族とか友達と一緒に旅行をしました。でもみんな好きなものが違いますので、相手が好きなことも大事に思います。そうすると家族と友達とけんかをしないで楽しく旅行をすることができます。例えば、行きたいところが違う時は無理に行くのではなく、別々に行きたいところに行きます。同じところに行った時も、ゆっくり見たい人もいれば、早く見て他の場所に行きたい人もいます。その場合はいやいや待ってあげるよりは別々に行動して後で会うのもよいと思います。

問 1　この人が毎年旅行に行く理由は何ですか。

1　家族や友達が行きたがるから
2　旅行に行って食べるものがおいしいから
3　買い物をすることが好きだから
4　新しいことを見たり、聞いたりすることができるから

問 2　この人はどんな旅行をしますか。

1　有名なところに行って写真をとる。
2　何もしないでゆっくり休む。
3　気分によって旅行のスタイルが変わる。
4　一人で行きたいところに行く。

問 3　けんかをしないで楽しく旅行をする方法は何ですか。

1　みんなで行きたいところを決めて旅行する。
2　多くの人が行きたがるところに行く。
3　意見が違う時は各自、自由に旅行する。
4　相手が見たいことを全部見るまで待ってあげる。

問 4　本文のないようと合っているものはどれですか。

1　自分の時間を大事に使うことがいちばんいいことです。
2　旅行をする時は計画を立てない方がいいです。
3　おたがい好きなようにしてあげるとみんなが楽しく旅行できます。
4　旅行の時、けんかをしないためには家族と行った方がいいです。

> **해석 및 해설** 03 여행

> 지문 해석

　사람에 따라 여행을 즐기는 방법이 다릅니다. 맛있는 음식을 먹는 것을 좋아하는 사람, 쇼핑을 좋아하는 사람, 유명한 곳에 가는 것을 좋아하는 사람 등 각각 다르겠죠. 저도 여행을 좋아해서 매년 여행을 갑니다. 여행을 하면 기분 전환도 되고, 새로운 것을 보거나 들을 수 있어서 공부도 됩니다. 저는 그때의 기분에 따라 여행하는 방법이 달라집니다. 때로는 여기저기 가는 것이 좋고, 때로는 아무것도 하지 않고 푹 쉬는 것이 좋습니다. 저는 지금까지 혼자서 여행한 적이 없고 가족이나 친구와 함께 여행을 했습니다. 하지만 모두 좋아하는 것이 다르기 때문에 상대가 좋아하는 것도 소중하게 생각합니다. 그렇게 하면 가족과 친구와 싸우지 않고 즐겁게 여행을 할 수 있습니다. 예를 들어, 가고 싶은 곳이 다를 때는 무리해서 가지 않고 따로따로 가고 싶은 곳에 갑니다. 같은 곳에 갔을 때도 천천히 보고 싶은 사람도 있고, 빨리 보고 다른 장소로 가고 싶은 사람도 있습니다. 그때는 억지로 기다려 주는 것보다 따로따로 행동하고 나중에 만나는 것도 좋다고 생각합니다.

> 단어

旅行(りょこう) 여행 | 楽(たの)しむ 즐기다 | 方法(ほうほう) 방법 | 違(ちが)う 다르다 | 毎年(まいとし) 매년 | 気分転換(きぶんてんかん) 기분 전환 | 仕方(しかた) 방법 | 変(か)わる 바뀌다 | 違(ちが)う 다르다 | 相手(あいて) 상대 | 大事(だいじ)に 소중하게 | けんかをする 싸움을 하다 | 無理(むり) 무리 | 別々(べつべつ)に 따로따로 | 同(おな)じ 같음 | 他(ほか)の場所(ばしょ) 다른 장소 | いやいや 억지로 | 行動(こうどう) 행동

> 문제 해설

문1 이 사람이 매년 여행을 가는 이유는 무엇입니까?

1　가족과 친구가 가고 싶어 해서
2　여행 가서 먹는 음식이 맛있어서
3　쇼핑하는 것을 좋아해서
4　새로운 것을 보거나 듣거나 할 수 있어서

해설　넷째 줄 [旅行をすると~勉強にもなります]를 보면 4번이 정답임을 알 수 있다. 1번은 본문에 없는 내용이고 2번과 3번은 다른 사람들의 경우를 말하고 있으므로 오답이다.

문2 이 사람은 어떤 여행을 합니까?

1. 유명한 곳에 가서 사진을 찍는다.
2. 아무것도 하지 않고 푹 쉰다.
3. 기분에 따라 여행 스타일이 바뀐다.
4. 혼자서 가고 싶은 곳에 간다.

해설 여섯째 줄 [その時の気分によって旅行の仕方が変わります]를 보면 알 수 있다. 기분에 따라 여기 저기 가는 게 좋을 때도 있고 아무것도 하지 않고 푹 쉬는 게 좋을 때도 있다고 했으므로 정답은 3번이 된다.

문3 싸우지 않고 즐겁게 여행을 하는 방법은 무엇입니까?

1. 다 같이 가고 싶은 곳을 정해서 여행한다.
2. 많은 사람이 가고 싶어 하는 곳에 간다.
3. 의견이 다를 때는 각자 자유롭게 여행한다.
4. 상대방이 보고 싶어 하는 것을 다 볼 때까지 기다려 준다.

해설 밑줄 다음 부분을 보면 알 수 있다. [行きたいところが違う時は～行きたいところに行きます]라고 했으므로 3번이 정답이다.

문4 본문의 내용과 일치하는 것은 무엇입니까?

1. 자신의 시간을 소중하게 사용하는 것이 가장 좋은 것입니다.
2. 여행을 할 때는 계획을 세우지 않는 편이 좋습니다.
3. 좋아하는 것을 하게 해 주면 모두가 즐겁게 여행할 수 있습니다.
4. 여행할 때 싸우지 않기 위해서는 가족과 가는 편이 좋습니다.

해설 필자는 여행을 좋아하지만 혼자서 여행을 간 적은 없다고 말하며 여행할 때 상대방이 좋아하는 것도 중요하게 생각하면 싸우지 않고 즐겁게 여행할 수 있다고 했으므로 3번이 정답이 된다.

실전 문제 04 애완동물

もんだい　つぎの文章を読んで、質問に答えてください。答えは1・2・3・4から、いちばんいいものを一つえらんでください。

　　さいきん、犬や猫などのペットといっしょに住めるアパートが多くなりました。5年前までは、この町にはペットと住めるアパートがほとんどなかったが、一年前からは半分以上になりました。

　　先月、吉田さん夫婦がこの町のアパートのほうにひっこしをしてきました。ひっこしてから、犬2ひきといっしょに住んでいます。吉田さんは65才で仕事をやめてから元気がありませんでしたが、犬といっしょになって気持ちが明るくなりました。おくさんも体がじょうぶになりました。ひっこしの前は足が悪くて、ほとんどの時間は家の中にいましたが、今は毎日、犬といっしょにさんぽしています。二人にいやなことがあっても、かわいい2ひきを見ると気持ちがやさしくなって、毎日が楽しくてしあわせだと言っています。

　　わたしは今までペットなどほしいと思ったことが一度もありません。毎日、食べ物やトイレの世話などでたいへんだと思いました。病気のときは病院につれて行かなければなりません。でも、吉田さんの話を聞いて、わたしも①ペットと住んでみたいと思いました。

問1　この町のアパートの説明で正しいものはどれですか。

1　今はペットといっしょに住めるアパートのほうが多い。
2　今はペットといっしょに住めないアパートのほうが多い。
3　今もほとんどのアパートでペットといっしょに住めない。
4　今はどんなアパートでもペットといっしょに住める。

問2　吉田さんのおくさんの説明で正しいものはどれですか。

1　仕事をやめて、しあわせな生活をしています。
2　今も足が悪くて、ほとんど家の中にいます。
3　5年前から犬2ひきといっしょに住んでいます。
4　この町にひっこしをしてから元気になりました。

問3　①ペットと住んでみたいと思ったのはどうしてですか。

1　ペットの世話が5年前よりかんたんになったから
2　ペットといっしょの生活はたいへんだが、楽しいから
3　ペットと住めるアパートがさいきん多くなってきたから
4　ペットの食べ物やトイレの世話がしたいから

問4　本文のないようと合っているものはどれですか。

1　ペットといっしょに住めるアパートは、きょねんから多くなりました。
2　吉田さんのおくさんは、きょねんからひっこしを待っていました。
3　吉田さんは、犬といっしょに住んでから気持ちが明るくなりました。
4　おくさんは主人とよくさんぽに行きます。

> 해석 및 해설   04 애완동물

> 지문 해석

　최근 개나 고양이 등 애완동물과 함께 살 수 있는 아파트가 많아졌습니다. 5년 전까지는 이 마을에는 애완동물과 살 수 있는 아파트가 거의 없었지만 1년 전부터는 절반 이상이 되었습니다.
　지난 달 요시다 씨 부부가 이 마을 아파트로 이사를 왔습니다. 이사한 후 개 두 마리와 함께 살고 있습니다. 요시다 씨는 65세로 일을 그만둔 후 기운이 없었는데 개와 함께하니 기분이 밝아졌습니다. 부인도 몸이 건강해졌습니다. 이사하기 전에는 다리가 안 좋아서 대부분의 시간은 집 안에 있었지만, 지금은 매일 개와 함께 산책을 하고 있습니다. 두 사람에게 안 좋은 일이 있어도 귀여운 두 마리의 개를 보고 있으면 기분이 풀려 매일이 즐겁고 행복하다고 합니다.
　저는 지금까지 애완동물 따위 키우고 싶다고 생각한 적이 한 번도 없습니다. 매일 밥을 챙겨 주고 배설물 뒤치다꺼리 등 힘들다고 생각했습니다. 아플 때는 병원에 데리고 가야 합니다. 그러나 요시다 씨의 이야기를 듣고 저도 ①애완동물과 살아 보고 싶다고 생각했습니다.

> 단어

さいきん 최근 | ペット 애완동물 | ～といっしょに ～와 함께 | 住む 살다 | ほとんど 거의 | 半分 절반 | 以上 이상 | 先月 지난달 | 夫婦 부부 | ひっこし 이사 | ～てから ～하고 나서 | ～ひき ～마리 | ～才 ～살 | やめる 그만두다 | 気持ち 기분, 마음 | 明るい 밝다 | おくさん 부인 | 体 몸, 신체 | じょうぶだ 튼튼하다 | 足が悪い 다리가 안 좋다 | さんぽする 산책하다 | 二人 두 명 | いやな 싫은 | かわいい 귀엽다 | しあわせだ 행복하다 | ほしい 갖고 싶다 | ～たことがない ～한 적이 없다 | いちども 한 번도 | トイレ 화장실 | 世話 돌봄 | たいへんだ 힘들다 | 病気 병, 질병 | 病院 병원 | つれて行く 데려가다 | でも 하지만 | 元気になる 건강해지다 | せいかつ 생활 | ふえる 늘다 | きょねん 작년 | 待つ 기다리다

> 문제 해설

문1 이 마을 아파트의 설명으로 올바른 것은 어느 것입니까?

1　지금은 애완동물과 함께 살 수 있는 아파트가 더 많다.
2　지금은 애완동물과 함께 살 수 없는 아파트가 더 많다.
3　지금도 대부분의 아파트에서 애완동물과 함께 살 수 없다.
4　지금은 어떤 아파트에서도 애완동물과 함께 살 수 있다.

해설 둘째 줄 [5年前までは、この町にはペットと住めるアパートがほとんどなかったが、一年前からは半分以上になりました] 부분을 보면 답이 1번임을 알 수 있다.

문2 요시다 씨의 부인에 대한 설명으로 올바른 것은 어느 것입니까?
1 일을 그만두고 행복한 생활을 하고 있습니다.
2 지금도 다리가 안 좋아서 거의 집 안에 있습니다.
3 5년 전부터 개 두 마리와 함께 살고 있습니다.
4 이 마을로 이사온 후 건강해졌습니다.

해설 두 번째 단락이 요시다 씨 부부에 관한 내용이다. 다섯째 줄 [おくさんも体がじょうぶになりました。～犬といっしょにさんぽしています] 부분을 보면 답이 4번임을 알 수 있다

문3 ①애완동물과 살아 보고 싶다고 생각한 것은 왜입니까?
1 애완동물을 돌보는 일이 5년 전보다 간단해져서
2 애완동물과 함께하는 생활은 힘들지만 즐거워서
3 애완동물과 살 수 있는 아파트가 최근 많아지고 있어서
4 애완동물의 밥 챙기기나 배설물 뒤치다꺼리가 하고 싶어서

해설 두 번째 단락 끝부분부터 세 번째 단락의 내용을 보면, 요시다 씨 부부가 안 좋은 일이 있어도 귀여운 개와 함께 생활하면서부터는 기분이 밝아지고 매일이 행복하고 즐겁다고 했고, 이를 들은 후, 필자도 힘들긴 하겠지만 개와 함께 살아 보고 싶어졌으므로 답이 2번임을 알 수 있다.

문4 본문의 내용과 맞는 것은 어느 것입니까?
1 애완동물과 함께 살 수 있는 아파트는 작년부터 많아졌습니다.
2 요시다 씨의 부인은 작년부터 이사하기를 기다리고 있었습니다.
3 요시다 씨는 개와 함께 살게 된 후 기분이 밝아졌습니다.
4 부인은 남편과 함께 자주 산책을 갑니다.

해설 애완동물과 살 수 있는 아파트가 최근에 많아졌으며 작년부터는 절반 이상이 되었다고 했으므로 1번은 오답. 2번은 이 글을 통해서 확인할 수 있는 사실이 아니다. 그리고 일곱째 줄부터 세 문장 [吉田さんは65才で～犬といっしょにさんぽしています]를 보면 3번이 정답, 4번이 오답임을 알 수 있다. 남편이 아니라 개와 함께 자주 산책을 간다.

| 실전 문제 | 05 오래된 서점

もんだい つぎの文章を読んで、質問に答えてください。答えは1・2・3・4から、いちばんいいものを一つえらんでください。

　さいきん、ちかくの本屋がみせをしめました。30年以上も、「町の本屋さん」はとてもにぎやかでした。この店がオープンしたのは、わたしがまだ小学校にはいる前でした。私に①その店の思い出は、そのまま子どものころの思い出になっています。友だちのたんじょう日の時などには、かならず母といっしょにこの店で本を買いました。

　小学校のそつぎょうの時には、こんなことがありました。クラスのみんなでお金を出して、先生に大きな地図をおくることになりました。「ありがたい気持ちを見せるために、見たこともないほど大きいのをおくろう」と私たちは話しました。

　しかし、小学生のおこづかいでは、お金はそんなに集まりません。それで、わたしたちは②どきどきしながら、「大好きな先生にあげるから、できるだけ大きい地図を作ってください」とお願いしました。おじさんはいやな顔もしないで、とくべつに大きな地図を作ってくれました。

　それはもう30年以上も前のはなしです。いい思い出を作ってくれたおじさんに、「いままでありがとう、おつかれさまでした」と言いたいです。

問1 ①その店の思い出はどんな思い出ですか。

1　わたしが小学校にはいった時に、この本屋が店をしめたこと
2　小学校を卒業する時に、先生といっしょにこの本屋で本を買ったこと
3　本屋のおじさんが子どもの私たちのために、大きな地図を作ってくれたこと
4　本屋のおじさんが大好きだったので、よくこの店で本を買っていたこと

問2　子どもたちはどうして、②どきどきしましたか。

1　もうすぐ店を閉める本屋のおじさんに、むりなお願いをするから
2　いやな顔をしているおじさんに、むりなお願いをするから
3　お店に本があまりないのに、おじさんにむりなお願いをするから
4　お金が少ししかないのに、おじさんにむりなお願いをするから

問3　この文章を書いた人の気持ちで、いちばん近いのはどれですか。

1　小学校のときにとてもお世話になった先生に、感謝する気持ち
2　いい思い出を作ってくれた本屋のおじさんに、感謝する気持ち
3　だいすきな本屋さんが店を閉めるので、さびしい気持ち
4　近くの本屋さんが店を閉めたので、とてもかなしい気持ち

問4　本文のないようと合っているものはどれですか。

1　さいきん、この町の本屋さんはぜんぶ店を閉めた。
2　クラスのみんなはお金がないので、地図はわたしが買った。
3　先生のそつぎょうのプレゼントに、クラスのみんながお金を出した。
4　30年も前の本屋のおじさんは、わたしたちにとてもやさしくしてくれた。

해석 및 해설   05 오래된 서점

지문 해석

　최근 근처의 서점이 문을 닫았습니다. 30년 이상이나 '동네 서점'은 매우 북적였습니다. 이 가게가 문을 연 것은 제가 아직 초등학교에 입학하기 전이었습니다. 저에게 ①그 가게의 추억은 그대로 어린 시절의 추억이 되었습니다. 친구 생일 때 등에는 꼭 엄마와 함께 이 가게에서 책을 샀습니다.

　초등학교 졸업 때에는 이런 일이 있었습니다. 학급 아이들 모두 돈을 내서 선생님께 큰 지도를 선물하게 되었습니다. '감사하는 마음을 보여 주기 위해 본 적도 없을 만큼 큰 것을 선물하자'고 우리는 이야기했습니다.

　그러나 초등학생의 용돈으로는 돈은 그렇게 많이 모이지 않았습니다. 그래서 우리들은 ②두근두근하는 마음으로 '정말 좋아하는 선생님께 드리니까 가능한 한 큰 지도를 만들어 주세요'라고 부탁했습니다. 아저씨는 싫은 내색도 하지 않고 특별히 큰 지도를 만들어 주셨습니다.

　그것은 벌써 30년도 더 된 이야기입니다. 좋은 추억을 만들어 주신 아저씨께 '지금까지 고마웠습니다, 수고하셨습니다'라고 말하고 싶습니다.

단어

さいきん 최근, 요즘 | ちかく 근처, 이웃 | 本屋(ほんや) 서점, 책방 | 店(みせ)を閉(し)める 가게를 닫다 | 以上(いじょう)も 이상이나 | 町(まち) 마을, 동네 | にぎやかだ 북적이다 | オープン 오픈 | 前(まえ) 전 | 小学校(しょうがっこう) 초등학교 | はいる 들어가다 | 思(おも)い出(で) 추억 | そのまま 그대로 | 子(こ)どものころ 어렸을 때 | たんじょう日(び) 생일 | かならず 반드시, 꼭 | 母(はは) 어머니 | 卒業(そつぎょう)する 졸업하다 | クラス 학급, 반 | お金(かね)を出(だ)す 돈을 내다 | 地図(ちず) 지도 | おくる 선물하다 | ~ことになる ~하게 되다 | ありがたい 감사하다 | 見(み)せる 보여 주다 | ~ために ~위해서 | ~ほど ~정도, ~만큼 | おこづかい 용돈 | 集(あつ)まる 모이다 | どきどきする 두근거리다 | ~ながら ~하면서 | 大好(だいす)きだ 아주 좋아하다 | できるだけ 가능한 한 | 作(つく)る 만들다 | ~てください ~해 주세요 | お願(ねが)いする 부탁하다 | おじさん 아저씨 | いやな 싫은 | 顔(かお)をする 표정을 짓다 | ~ないで ~하지 않고 | とくべつに 특별히 | もうすぐ 이제 곧 | おつかれさまでした 수고하셨습니다 | むりな 무리한 | お願(ねが)い 부탁 | 少(すこ)し 조금 | ~しかない ~밖에 없다 | いちばん 가장, 제일 | 近(ちか)い 가깝다 | お世話(せわ)になる 신세지다 | 感謝(かんしゃ)する 감사하다 | さびしい 쓸쓸하다 | かなしい 슬프다

문제 해설

문1 ①그 가게의 추억은 어떤 추억입니까?

1 내가 초등학교에 입학했을 때 이 서점이 문을 닫은 것
2 초등학교를 졸업할 때 선생님과 함께 이 서점에서 책을 산 것
3 서점의 아저씨가 아이였던 우리를 위해 큰 지도를 만들어 주셨던 것
4 서점의 아저씨가 너무 좋았기 때문에 자주 이 가게에서 책을 샀던 것

해설 두 번째, 세 번째 단락 [小学校のそつぎょうの時には、こんなことがありました。~とくべつに 大きな地図を作ってくれました] 부분의 돈이 없는 아이들을 위해 서점 아저씨가 싫은 내색도 없이 특별히 큰 지도를 만들어 주셨다는 내용에서 답이 3번임을 알 수 있다.

문2 아이들은 왜 ②두근두근했습니까?

1 이제 곧 가게를 닫을 서점 아저씨께 무리한 부탁을 하기 때문에
2 싫은 얼굴을 하고 있는 아저씨께 무리한 부탁을 하기 때문에
3 가게에 책이 그다지 없는데 아저씨께 무리한 부탁을 하기 때문에
4 돈이 조금밖에 없는데 아저씨께 무리한 부탁을 하기 때문에

해설 두 번째, 세 번째 단락 [小学校のそつぎょうの時には、こんなことがありました。~できるだけ 大きい地図を作ってくださいとお願いしました] 부분의 초등학생들 용돈으로는 돈이 많이 모이지 않았지만 가능한 한 큰 지도를 만들어 달라고 부탁했던 일화에서 답이 4번임을 알 수 있다.

문3 이 글을 쓴 사람의 마음으로 가장 가까운 것은 어느 것입니까?

1 초등학교 때 정말 신세를 졌던 선생님께 감사하는 마음
2 좋은 추억을 만들어 주신 서점 아저씨께 감사하는 마음
3 정말 좋아하는 서점이 문을 닫아서 서운한 마음
4 근처 서점이 문을 닫아서 매우 슬픈 마음

해설 마지막 문장 [それはもう30年以上も前のはなしです。いい思い出を作ってくれたおじさん に、「いままでありがとう、おつかれさまでした」と言いたいです] 부분을 보면 답이 2번임을 알 수 있다.

문4 본문의 내용과 맞는 것은 어느 것입니까?

1 최근 이 마을의 서점은 전부 문을 닫았다.
2 학급 아이들 모두는 돈이 없어서 지도는 내가 샀다.
3 선생님의 졸업 선물로 학급 아이들 모두가 돈을 냈다.
4 30년도 더 전의 서점 아저씨는 우리들에게 매우 상냥하게 대해 주셨다.

해설 끝에서 다섯째 줄, 서점 아저씨와의 일화 [おじさんはいやな顔もしないで、とくべつに大きな地図を作ってくれました] 부분을 보면 서점 아저씨가 상냥한(やさしい) 성격임을 알 수 있으니 정답은 4번이다. 선택지 1번은 전부가 아니라 근처의 한 서점이니 오답. 2번은 [クラスのみんなでお金を出して]라고 했으니 오답. 3번은 졸업하는 주체가 선생님이 아니라 아이들이니 오답이다.

실전 문제 06 일본의 풍습

もんだい つぎの文章を読んで、質問に答えてください。答えは1・2・3・4から、いちばんいいものを一つえらんでください。

　むかしから日本には、おぼんや正月が近くなると、世話になった人にものをおくるしゅうかんがあります。おぼんにおくるものを「お中元」といい、年末におくるものを「おせいぼ」といいます。むかしは米やさかななど、生活に必要なものをおくることが多かったです。その「しゅうかん」は、今ものこっていて、食料品をおくることがいちばん多いです。

　外国人の中には、「日本人は、ものをあげたり、もらったりするのが好きな国民だ。」という人もいます。外国の人が、このしゅうかんを理解するのはむずかしいかもしれません。しかし、このようなおくり物には、「しんせつにしてくださって、ありがとうございました。あなたにたすけていただいたので、いい生活ができました。これからもよろしくおねがいします。私のお礼の気持ちをこのプレゼントといっしょにおくります。」という意味があります。これは外国でも同じだと思います。

　日本人の中には、しんせつにしてもらった時だけでなく、おぼんや年末にもおくり物をする人がいるのです。

問1 「お中元」と「おせいぼ」のせつめいで、ただしいのはどれですか。

1 おぼんが近くなると、世話になった人におくるものを「おせいぼ」といいます。
2 「お中元」は、年上(としうえ)の人にしんせつにしてもらうためにおくるものです。
3 「お中元」と「おせいぼ」は、今はおこなわれない昔(むかし)のしゅうかんです。
4 「お中元」と「おせいぼ」のおくり物には、生活に必要なものが多いです。

問2 この文章の中の、日本人の「しゅうかん」というのはどんなことですか。

1 「お中元」と「おせいぼ」など、決(き)まった日だけにプレゼントをおくること
2 外国人には理解(りかい)してもらえないことをしてたのしむこと
3 親切にしてもらった時だけでなく、おぼんや年の終わりにもおくり物をすること
4 まわりの年上(としうえ)の人に、ときどき食料品など、生活に必要なものをおくること

問3 日本人はどうしてプレゼントをおくりますか。

1 かんしゃの気持ちを伝えるために
2 外国人に親切な人のように見えるために
3 知り合いの人にものをあげるのが好きだから
4 もらったプレゼントでいい生活ができるから

問4 本文のないようと合っているものはどれですか。

1 しんせつにしてくれた人にプレゼントをおくるのは日本しかないです。
2 日本人は物をあげたり、もらったりするのが好きです。
3 プレゼントには「これからもよろしくお願いします」という意味もあります。
4 外国人はプレゼントをおくる日本のしゅうかんを理解(りかい)できません。

해석 및 해설 06 일본의 풍습

지문 해석

　옛날부터 일본에는 오본이나 설이 가까워지면 신세 진 사람에게 물건을 선물하는 풍습이 있습니다. 오본에 선물하는 것을 '오추겐'이라고 하고, 연말에 선물하는 것을 '오세보'라고 합니다. 옛날에는 쌀이나 생선 등 생활에 필요한 것을 선물하는 경우가 많았습니다. 그 '풍습'은 지금도 남아 있어 식료품을 선물하는 경우가 가장 많습니다.

　외국인 중에는 '일본인은 물건을 주고받는 것을 좋아하는 국민이다.'라고 말하는 사람도 있습니다. 외국인이 이 풍습을 이해하는 것은 어려울지도 모릅니다. 그러나 이러한 선물에는 '친절하게 대해 주셔서 고맙습니다. 당신이 도와주셔서 편한 생활이 되었습니다. 앞으로도 잘 부탁드립니다. 제 감사하는 마음을 이 선물과 함께 보냅니다.'라는 의미가 있습니다. 이것은 외국에서도 마찬가지라고 생각합니다.

　일본인 중에는 (누군가가) 친절하게 대해 주었을 때뿐만 아니라, 오본이나 연말에도 선물을 하는 사람이 있는 것입니다.

단어

おぼん 오본, 백중맞이(음력 7월 보름) | 正月(しょうがつ) 정월, 설 | ものをおくる 물건을 선물하다 | しゅうかん 습관, 풍습 | 年末(ねんまつ) 연말 | お中元(ちゅうげん) 백중날의 선물 | おせいぼ 연말, 연말 선물 | 米(こめ) 쌀 | さかな 생선 | 生活(せいかつ) 생활 | 必要(ひつよう) 필요 | のこる 남다 | 食料品(しょくりょうひん) 식료품 | 国民(こくみん) 국민 | 理解(りかい)する 이해하다 | おくり物(もの) 선물 | しんせつに 친절하게 | たすける 돕다, 도와주다 | (〜に)〜ていただく (〜에게) 〜해 받다, (〜가) 〜해 주다 | これからも 앞으로도 | お礼(れい) 사례, 감사 | 気持(きも)ち 마음, 기분 | 意味(いみ) 의미 | 〜だけでなく 〜뿐만 아니라 | 年上(としうえ) 연상 | 決(き)まった日(ひ) 정해진 날 | たのしむ 즐기다 | 終(お)わり 끝, 마지막 | ときどき 때때로 | 伝(つた)える 전하다 | 〜ために 〜위해서 | 知(し)り合(あ)い 지인, 아는 사람 | 〜しかない 〜밖에 없다

문제 해설

문1 '오추겐'과 '오세보'의 설명으로 바른 것은 어느 것입니까?

1. 추석이 가까워지면 신세 진 사람들에게 선물하는 것을 '오세보'라고 합니다.
2. '오추겐'은 연상인 사람에게 친절한 도움을 받기 위해 선물하는 것입니다.
3. '오추겐'과 '오세보'는 지금은 행해지지 않는 옛날 풍습입니다.
4. '오추겐'과 '오세보'의 선물에는 생활에 필요한 것이 많습니다.

해설 선택지 1번은 둘째 줄 [おぼんにおくるものを「お中元」といい]라고 했으니 오답. 2번은 첫 번째 문장에서 [世話になった人にものをおくるしゅうかん]이라고 했으니 오답이다. 넷째 줄 [むかしは米やさかななど、生活に必要なものをおくることが多かったです。その「しゅうかん」は、今ものこっていて、食料品をおくることがいちばん多いです]라고 했으니 3번이 오답, 4번이 정답임을 알 수 있다.

문2 이 글 속의 일본인의 '풍습'이라는 것은 어떤 것입니까?

1. '오추겐'과 '오세보' 등 정해진 날에만 선물을 보내는 것
2. 외국인에게는 이해 받을 수 없는 것을 하며 즐기는 것
3. (누군가가) 친절하게 대해 주었을 때뿐만 아니라 오본이나 연말에도 선물을 하는 것
4. 주위의 어른에게 때때로 식료품 등 생활에 필요한 것을 선물하는 것

해설 외국과 같이 친절하게 대해 준 분들에게 선물도 하지만, 이 글의 가장 마지막 부분인 [日本人の中には、しんせつにしてもらった時だけでなく、おぼんや年末にもおくり物をする人がいるのです]에서 오본이나 연말 같은 특별한 날에도 선물을 한다고 했으니 3번이 정답임을 알 수 있다.

문3 일본인은 왜 선물을 보냅니까?

1. 감사의 마음을 전하기 위해서
2. 외국인에게 친절한 사람처럼 보이기 위해서
3. 아는 사람에게 물건을 주는 것을 좋아해서
4. 받은 선물로 편한 생활을 할 수 있어서

해설 글의 두 번째 단락 넷째 줄 [このようなおくり物には、「しんせつにしてくださって、ありがとうございました。あなたにたすけていただいたので、いい生活ができました。これからもよろしくおねがいします。私のお礼の気持ちをこのプレゼントといっしょにおくります。」という意味があります]에서 답이 1번임을 알 수 있다.

문4 본문의 내용과 맞는 것은 어느 것입니까?

1 친절하게 대해 준 사람에게 선물을 보내는 것은 일본밖에 없습니다.
2 일본인은 물건을 주고받는 것을 좋아합니다.
3 선물에는 '앞으로도 잘 부탁합니다'라는 의미도 있습니다.
4 외국인은 선물을 하는 일본의 풍습을 이해할 수 없습니다.

해설 선택지 1번은 글의 두 번째 단락 넷째 줄 [しんせつにしてくださって、ありがとうございました。~これは外国でも同じだと思います]에서 외국에서도 감사할 일이 있을 때 선물을 보낸다고 했으니 오답. 2번은 [外国人の中には、「日本人は、ものをあげたり、もらったりするのが好きな国民だ」という人もいます]에서 외국인들이 그렇게 생각한다는 것이지 그 사실 여부는 밝히고 있지 않기 때문에 오답이다. 또 두 번째 단락 넷째 줄 [このようなおくり物には、「しんせつにしてくださって、ありがとうございました。あなたにたすけていただいたので、いい生活ができました。これからもよろしくおねがいします]에서 정답이 3번임을 알 수 있다. 4번은 [外国の人が、このしゅうかんを理解するのはむずかしいかもしれません]이라고 추측하고 있을 뿐이지 사실이 아니다.

실전 문제 07 참새

もんだい つぎの文章を読んで、質問に答えてください。答えは1・2・3・4から、いちばんいいものを一つえらんでください。

　だれでも知っていると思いますが、ほんとうはあまりよく知らない鳥、それが「スズメ」です。スズメはどんなものを食べているのか、また、どんなところに、①住む場所を作るのでしょうか？

　スズメは人が住んでいるところにいます。スズメは人がつくるお米や、人が出しているごみが好きだからです。人がいなくなったところからは、スズメもすがたを見せません。

　子スズメをうむことも、人が住んでいるところの近くでします。それはスズメにいちばんこわいあいてのヘビやカラスを、人がそとに出してくれるからです。しかし、スズメの住む場所はなかなか見つけにくいところに作ります。②人のことも信じていないようです。

　スズメは、たまごからそとに出た後、1か月くらい過ぎると、住んでいるところから遠くのほうへ飛んでいきます。人も、おやのところをはなれて、遠いところへ行くことはたいへんむずかしいことです。どうすればいいのか知らない子どもを、あの手この手でそとの世界につれていく親の様子からは、ほんとうの愛を感じます。

問1 「スズメ」のせつめいで、ただしいのはどれですか。

1　だれでもよく知っているゆうめいな鳥です。
2　スズメはお米や人が出すゴミを食べます。
3　スズメのともだちでヘビとカラスがいます。
4　スズメは人が好きで、いつも人の近くにいます。

問2 ①住む場所はどんなところですか。

1　人が住んでいるところと近いですが、よく見えないところです。
2　人が住んでいるところと、近くてよく見えるところです。
3　人がいないところでゴミが多いところです。
4　人がいないところで、しずかなところです。

問3 この文章を書いた人は、スズメはどうして、②人のことも信じていないようですと思っていますか。

1　人がヘビやカラスをそとに出してくれるから
2　スズメのたまごを人にはあげないから
3　スズメは人が見つけにくいところに住んでいるから
4　人が食べる米やゴミをあげないから

問4 本文のないようと合っているものはどれですか。

1　スズメがいちばんこわいと思っているあいてはヘビとカラスです。
2　スズメは生まれてから1カ月が過ぎても飛べません。
3　スズメは人がいるところには、すがたを見せません。
4　スズメが住める場所はあまりないです。

해석 및 해설　07 참새

지문 해석

　누구나 알고 있다고 생각하지만 사실은 그다지 잘 모르는 새, 그것이 '참새'입니다. 참새는 어떤 것을 먹을까, 또 어떤 곳에 ①살 곳을 만드는 걸까요?

　참새는 사람이 살고 있는 곳에 있습니다. 참새는 사람이 만드는 쌀이나 사람이 내놓는 쓰레기를 좋아하기 때문입니다. 사람이 없어진 곳에서는 참새도 모습을 보이지 않습니다.

　새끼 참새를 낳는 것도 사람이 살고 있는 곳 근처에서 합니다. 그것은 참새에게 가장 무서운 상대인 뱀이나 까마귀를 사람이 밖으로 쫓아 주기 때문입니다. 그러나 참새가 사는 곳은 좀처럼 발견하기 어려운 곳에 만듭니다. ②사람도 믿지 않는 모양입니다.

　참새는 알에서 밖으로 나온 후 한 달 정도 지나면 살고 있는 곳에서 먼 곳으로 날아갑니다. 사람도 부모 곁을 떠나 먼 곳으로 가는 것은 매우 어려운 일입니다. 어떻게 하면 좋을지 모르는 자식을 온갖 수단으로 바깥 세상으로 데리고 가는 부모의 모습에서는 진실된 사랑을 느낍니다.

단어

鳥 새 | スズメ 참새 | 住む 살다 | 場所 장소 | お米 쌀 | ごみ 쓰레기 | すがた 모습 | 見せる 보이다, 보여 주다 | うむ 낳다 | あいて 상대 | ヘビ 뱀 | カラス 까마귀 | なかなか 좀처럼〈부정 수반〉 | 見つける 찾다, 발견하다 | 作る 만들다 | ～にくい ～하기 어렵다 | 信じる 믿다 | ～ようだ ～같다 | たまご 알 | ～た後 ～한 후 | 過ぎる 지나다 | 遠く 먼 곳, 멀리 | 飛ぶ 날다 | はなれる 떠나다 | たいへん 대단히, 매우 | あの手この手 이런 방법 저런 방법, 온갖 수단 | 世界 세계, 세상 | つれていく 데려가다 | 様子 모습 | 愛 사랑 | 感じる 느끼다 | 生まれる 태어나다 | ～てから ～하고 나서

문제 해설

문1 '참새'의 설명으로 올바른 것은 무엇입니까?

1　누구나가 잘 알고 있는 유명한 새입니다.
2　**참새는 쌀이나 사람이 내놓는 쓰레기를 먹습니다.**
3　참새의 친구로 뱀과 까마귀가 있습니다.
4　참새는 사람을 좋아해 언제나 사람 가까이에 있습니다.

해설 선택지 1번은 첫째 줄 [だれでも知っていると思いますが、ほんとうはあまりよく知らない鳥]에서 오답임을 알 수 있고, 2번은 다섯째 줄 [スズメは人がつくるお米や、人が出しているごみが好きだ]에서 정답임을 알 수 있다. 세 번째 단락 둘째 줄 [それはスズメにいちばんこわいあいてのヘビやカラス]에서 뱀이나 까마귀는 무서운 대상이며, 참새가 좋아하는 것은 쌀이나 사람들이 내놓는 쓰레기이지 사람이 아니므로 3, 4번도 오답이다.

문2 ①살 곳은 어떤 곳입니까?

1. 사람이 살고 있는 곳과 가깝지만 잘 보이지 않는 곳입니다.
2. 사람이 살고 있는 곳과 가까워서 잘 보이는 곳입니다.
3. 사람이 없는 곳으로 쓰레기가 많은 곳입니다.
4. 사람이 없는 곳으로 조용한 곳입니다.

해설 두 번째 단락의 [スズメは人が住んでいるところにいます]와 세 번째 단락 셋째 줄 [スズメの住む場所はなかなか見つけにくいところに作ります]를 종합해 보면 정답이 1번임을 알 수 있다.

문3 이 글을 쓴 사람은 참새는 왜 ②사람도 믿지 않는 것 같다고 생각합니까?

1. 사람이 뱀과 까마귀를 밖으로 쫓아내 주니까
2. 참새 알을 사람에게는 주지 않으니까
3. 참새는 사람이 발견하기 어려운 곳에 살고 있으니까
4. 사람이 먹는 쌀이나 쓰레기를 주지 않으니까

해설 바로 앞 문장 [スズメの住む場所はなかなか見つけにくいところに作ります]에서 답이 3번임을 유추할 수 있다.

문4 본문의 내용과 맞는 것은 어느 것입니까?

1. 참새가 제일 무서워하는 상대는 뱀과 까마귀입니다.
2. 참새는 태어나서 한 달이 지나도 날지 못합니다.
3. 참새는 사람이 있는 곳에는 모습을 보이지 않습니다.
4. 참새가 살 수 있는 곳은 그다지 없습니다.

해설 세 번째 단락 둘째 줄 [それはスズメにいちばんこわいあいてのヘビやカラス]에서 1번이 정답임을 알 수 있다. 2번은 네 번째 단락 [スズメは、たまごからそとに出た後~飛んでいきます]를 보면 오답. 3번은 두 번째 단락 [スズメは人が住んでいるところにいます]에서 오답임을 알 수 있다. 4번은 사람이 사는 곳에 참새가 있다고 했으니 참새가 살 수 있는 곳은 많다고 할 수 있다.

실전 문제 **08 꿈의 나라**

もんだい つぎの文章を読んで、質問に答えてください。答えは1・2・3・4から、いちばんいいものを一つえらんでください。

みなさんは今「ゆめ」を持って生きていますか？子どもの頃に持っていた「ゆめ」は何でしたか？

私たちは、おとなになってから「ゆめ」を失ったように感じます。いや、①「ゆめ」を一つずつ捨てていくことが、おとなになるということであるかのような生活をしています。それは、たぶん「ゆめ」に近づいていくのではなく、「ゆめ」からはなれていく方が生きやすいからでしょう。

でも、子どもたちに、「ゆめ」を持って生活することが、どんなに大切なことか、私たちおとなは、いたいほど強く感じています。まだ遅くはありません。みんなが持っている一つ一つの大きなゆめ・小さなゆめを、みんなで実現していきましょう！

いろいろな人がちからをあわせて、自分たちの手でつくり、「ゆめ」を伝え、かたちにしていく、そんな場所が②「子ども生活・ゆめの国」です。

とても生きにくい社会のなかで、私たちは、もうこれ以上遅くなることのないように、遅くなる前に、「ゆめの国」で「あそび」や「文化」を材料に、人間らしさをつくっています。

問1 この文章を書いた目的で、ただしいのはどれですか。

1 「ゆめの国」というところを知らせるためです。
2 おとなになってもゆめを失わないようにするためです。
3 人に自分の手で作ったゆめを伝えるためです。
4 「ゆめの国」でつくった教材を売るためです。

問2 おとなになってから①「ゆめ」を一つずつ捨てていくのは、どうしてですか。

1 「ゆめ」に近づいていくことは、とてもあぶないからです。
2 みんなが「ゆめ」を持って生きることはできないからです。
3 「ゆめ」を持つことは、おとなには無理だからです。
4 「ゆめ」からはなれて生活するほうが生きやすいからです。

問3 ②「子ども生活・ゆめの国」はどんなところですか。

1 みんなが持っている「ゆめ」を実現させてくれるところです。
2 子どもたちに、「ゆめ」を持って生活するよう、「ゆめ」を伝えるところです。
3 おとなになってから「ゆめ」を失った人がつくったところです。
4 とても生きにくい社会のなかで、ひとつしかない休みの場所です。

問4 本文のないようと合っているものはどれですか。

1 みんながちからをあわせて、生きやすい家をつくります。
2 おとながゆめを持って生きていくことは、もうだめです。
3 子どもたちにはできるだけ大きなゆめを持つように教えます。
4 子どもたちがゆめを持って生きていくことは、とても大切なことです。

해석 및 해설 08 꿈의 나라

지문 해석

여러분은 지금 '꿈'을 갖고 살고 있습니까? 어렸을 때 갖고 있던 '꿈'은 무엇이었습니까?

우리는 어른이 된 후 '꿈'을 잃어버린 듯이 느낍니다. 아니 ①'꿈'을 하나씩 버려 가는 일이 어른이 되는 일인 것처럼 생활하고 있습니다. 그것은 아마 '꿈'에 가까워져 가는 것이 아니라 '꿈'에서 멀어져 가는 편이 살기 쉽기 때문이지요.

그러나 아이들에게 '꿈'을 갖고 생활하는 것이 얼마나 중요한 일인지 우리 어른들은 아플 정도로 강하게 느끼고 있습니다. 아직 늦지는 않았습니다. 모두가 갖고 있는 하나 하나의 큰 꿈·작은 꿈을 함께 실현해 갑시다!

여러 사람들이 힘을 합해 자신들의 손으로 만들고 '꿈'을 전하여 형상화해 가는 그런 곳이 ②'어린이 생활·꿈의 나라'입니다.

매우 살기 힘든 사회 속에서 우리들은 이제 더 이상 늦어지는 일이 없도록 늦기 전에 '꿈의 나라'에서 '놀이'나 '문화'를 재료 삼아 인간다움을 만들고 있습니다.

단어

ゆめ 꿈 | 持つ 가지다 | 生きる 살다 | おとな 어른 | 失う 잃다 | ～ように ～듯이 | 感じる 느끼다 | ～ずつ ～씩 | 捨てる 버리다 | 生活 생활 | たぶん 아마 | 近づく 다가가다 | はなれる 떠나다 | ～やすい ～하기 쉽다 | 大切な 중요한 | ～ほど ～정도로 | 強く 강하게 | 遅い 늦다 | 実現する 실현하다 | ちからをあわせる 힘을 합하다 | かたちにする 형상화하다 | もう 이제 | これ以上 더 이상 | あそび 놀이 | 文化 문화 | 材料 재료 | 人間らしさ 인간다움 | 教材 교재 | 売る 팔다 | あぶない 위험하다 | 無理だ 무리다 | だめだ 안 되다 | できるだけ 가능한 한 | 教える 가르치다

문제 해설

문1 이 글을 쓴 목적으로 바른 것은 어느 것입니까?

1 '꿈의 나라'라는 곳을 알리기 위해서입니다.
2 어른이 되어도 꿈을 잃지 않도록 하기 위해서입니다.
3 다른 사람에게 자신의 손으로 만든 꿈을 전하기 위해서입니다.
4 '꿈의 나라'에서 만든 교재를 팔기 위해서입니다.

해설 끝의 두 단락 [いろいろな人がちからをあわせて、〜「子ども生活・ゆめの国」です]와 [とても 生きにくい社会のなかで、〜「ゆめの国」で「あそび」や「文化」を材料に、人間らしさをつく っています]에서 이 글을 쓴 목적이 1번임을 알 수 있다.

문2 어른이 된 후 ①'꿈'을 하나씩 버려 가는 것은 왜입니까?

1 '꿈'에 가까워져 가는 것은 매우 위험하기 때문입니다.
2 모두가 '꿈'을 갖고 사는 것은 불가능하기 때문입니다.
3 '꿈'을 갖는 것은 어른에게는 무리이기 때문입니다.
4 '꿈'에서 멀어져 생활하는 편이 살기 쉽기 때문입니다.

해설 밑줄 바로 뒤에 오는 문장 [それは、たぶん「ゆめ」に近づいていくのではなく、'ゆめ'からはな れていく方が生きやすいからでしょう]에서 4번이 정답임을 알 수 있다.

문3 ②'어린이 생활·꿈의 나라'는 어떤 곳입니까?

1 모두가 갖고 있는 '꿈'을 실현시켜 주는 곳입니다.
2 어린이에게 '꿈'을 갖고 생활하도록 '꿈'을 전하는 곳입니다.
3 어른이 된 후 '꿈'을 잃어버린 사람이 만든 곳입니다.
4 매우 살기 힘든 사회 속에서 하나밖에 없는 쉼터입니다.

해설 세 번째와 네 번째 단락의 [子どもたちに、「ゆめ」を持って生活することが、どんなに大切なこ とか]와 [自分たちの手でつくり、「ゆめ」を伝え、かたちにしていく、そんな場所が「子ども 生活・ゆめの国」です]에서 답이 2번임을 알 수 있다.

문4 본문의 내용과 맞는 것은 어느 것입니까?

1 모두가 힘을 합해 살기 쉬운 집을 만듭니다.
2 어른이 꿈을 갖고 살아가는 것은 이제 안 됩니다.
3 어린이들에게는 가능한 한 큰 꿈을 갖도록 가르칩니다.
4 아이들이 꿈을 갖고 살아가는 것은 매우 중요한 일입니다.

해설 세 번째 단락 [子どもたちに、「ゆめ」を持って生活することが、どんなに大切なことか]에서 4번 이 정답임을 알 수 있다. 선택지 3번은, 꼭 큰 꿈이 아니라 큰 꿈이든 작은 꿈이든 실현해 가자고 하 고 있으므로 오답이다.

3 정보 검색 공략하기

문제 유형 분석

정보 검색 – 안내나 공지 등의 정보 소재글 400자 정도 안에서 자신에게 필요한 정보를 찾아낼 수 있는지 묻는 문제이다. 전체 또는 부분을 신속하게 읽는 능력이 있는지를 측정하며 모든 급수에서 출제된다. 한 지문에 2문항이 출제되며, 문제 풀이 시간은 10분 정도로 잡는다.

문제 풀이 비법

1. 일본에서 실제로 생활하면서 많이 접하는 여러 가지 정보 소재를 토대로 출제되는 문제이다. 자신이 필요로 하는 정보를 얼마나 신속하고 정확하게 파악할 수 있는지가 관건이며, 스킬을 요하는 문제이다. 질문에 맞는 정보를 정확하게 파악하면 확실한 득점을 할 수 있다.

2. 질문을 보고 필요한 정보가 지문 전체 중 어느 부분에 제시되어 있는지 찾는다. 정보 소재 중에서 하나의 기본이 되는 조건을 정하고 나서 하나씩 체크해 가면서 파악하는 것이 중요하다. 또한 숫자가 나오는 경우가 많은데, 예를 들어 날짜, 기간, 할인에 대한 계산 등의 문제는 질문 자체는 어렵지 않지만 익숙해지는 것이 관건이다.

3. 문장 전체를 두 단락으로 나눈다. 크게는 표가 있는 곳에서 한 문항, 그리고 문장이 있는 부분에서 또 한 문항이 출제된다고 생각하면 쉽다. 각 문항을 풀 때 선택지를 표에 쓰여진 정보 소재와 하나씩 대조해서 체크해 가면 된다. 처음에는 시간이 걸리기 마련이므로 많은 문제를 풀어 봐야 할 것이다.

4. 단, 예외를 나타내는 ※ ☞ 등의 내용을 주시하여 함정에 빠지는 일이 없도록 하자.

실전 문제 **01 운동회**

もんだい　つぎの「桜小学校の運動会」を読んで、質問に答えてください。
　　　　　答えは1・2・3・4からいちばんいいものを一つえらんでください。

問1　次の案内文は何のために書きましたか。

1　運動会の時、サポートできる人を募集するため
2　運動会の時、こどもが用意するものを親に知らせるため
3　運動会の日程や注意点について知らせるため
4　運動会に来る人々に交通手段の案内をするため

問2　本文の内容と合っているものは何ですか。

1　トイレは各階に用意されている。
2　お酒を飲んだり、たばこを吸うことは決まった場所でしかできない。
3　自転車や車で来ることはできない。
4　運動会を手伝う人は無料でご飯が食べられる。

桜小学校の運動会のご案内

　今年も運動会の季節がやってきました。ご家族そろってみんなで楽しみましょう！さわやかな青空の下でこどもたちは先週から一生けんめい練習しています。こどもたちの元気な姿をみなさんであたたかく見守ってください。

　　日時：平成２９年１０月１４日(日)、午前９時半より
　　場所：本校の運動場

▶ お願いと注意

　※ トイレは学校の１階と３階にあります。(他のトイレは利用不可)
　※ ごみは各自お持ち帰りください。
　※ 学校内でお酒を飲んだり、たばこを吸うことはできません。
　※ こどもの安全のために家族と関係者はシールをはってください。
　※ 駐車場が狭いので、なるべく公共の交通手段を利用してください。
　※ 運動会のサポートをする方にお弁当をさしあげます。

| 해석 및 해설 | **01 운동회**

문제 해설

문제 다음 '사쿠라 초등학교 운동회'를 읽고 질문에 답하시오. 답은 1·2·3·4에서 가장 적당한 것을 하나 고르시오.

문1 다음 안내문은 무엇을 위해서 썼습니까?

1. 운동회 때 서포트할 수 있는 사람을 모집하기 위해
2. 운동회 때 아이들이 준비할 물건을 부모에게 알리기 위해
3. **운동회 일정과 주의점에 대해서 알리기 위해**
4. 운동회에 오는 사람들에게 교통수단을 안내하기 위해

해설 전체적인 내용을 보면 알 수 있다. 운동회 일정과 부탁 사항, 주의점에 대해서 알리고 있으므로 3번이 정답이다. 1번과 4번은 공지 사항의 일부분의 내용이며, 2번과 같은 내용은 나오지 않으므로 오답이다.

문2 본문의 내용과 일치하는 것은 무엇입니까?

1. 화장실은 각 층에 준비되어 있다.
2. 술을 마시거나 담배를 피우는 것은 지정된 장소에서밖에 할 수 없다.
3. 자전거나 차로 올 수 없다.
4. **운동회를 돕는 사람은 무료로 도시락을 먹을 수 있다.**

해설 1번, 화장실은 1층과 3층에 있고 다른 곳은 이용 불가이다. 2번, 술을 마시거나 담배를 피울 수 없다. 3번, 주차장이 좁아 되도록 대중교통을 이용할 것을 당부하고 있으므로 차로 올 수 없는 것은 아니다. 주의 사항 마지막에 서포트를 하시는 분께 도시락을 준다고 했으므로 4번이 정답이다.

> 지문 해석

사쿠라 초등학교 운동회 안내

올해도 운동회의 계절이 다가왔습니다. 가족들 다 함께 모여서 즐깁시다! 상쾌한 파란 하늘 아래서 아이들은 지난주부터 열심히 연습하고 있습니다. 아이들의 건강한 모습을 다 같이 따뜻한 마음으로 지켜봐 주세요.

일시 : 헤이세이 29년 10월 14일(일), 오전 9시 반부터
장소: 본교 운동장

▶ 부탁 사항과 주의점
  ※ 화장실은 학교 1층과 3층에 있습니다.(다른 화장실은 이용 불가)
  ※ 쓰레기는 각자 가지고 돌아가십시오.
  ※ 학교 내에서 술을 마시거나 담배를 피울 수 없습니다.
  ※ 아이들의 안전을 위해서 가족과 관계자는 스티커를 붙여 주세요.
  ※ 주자창이 좁으므로 되도록 대중교통을 이용해 주십시오.
  ※ 운동회 서포트를 하시는 분께 도시락을 드립니다.

> 단어

運動会 운동회 | サポートする 서포트하다, 돕다, 도우미로 활동하다 | 募集する 모집하다 | ~ため ~하기 위해 | 用意する 준비하다 | 知らせる 알리다 | 日程 일정 | 注意点 주의점 | ~について ~에 대해 | 交通手段 교통수단 | 案内 안내 | トイレ 화장실 | 各階 각 층 | たばこを吸う 담배를 피우다 | 決まった場所 지정된 장소 | 自転車 자전거 | 手伝う 돕다 | 無料 무료 | 季節 계절 | やってくる 다가오다, 찾아오다 | そろう 모이다 | 楽しむ 즐기다 | さわやかな 상쾌한 | 青空 파란 하늘 | 一生けんめい 열심히 | 練習する 연습하다 | 姿 모습 | 見守る 지켜보다 | 日時 일시 | 平成 헤이세이〈일본의 연호〉 | 本校 본교 | 運動場 운동장 | お願い 부탁 | 利用不可 이용 불가 | 各自 각자 | 持ち帰る 가지고 돌아가다 | 安全 안전 | 関係者 관계자 | シールをはる 스티커를 붙이다 | 駐車場 주차장 | 狭い 좁다 | なるべく 되도록, 가능한 한 | 公共 공공 | お弁当 도시락 | さしあげる 드리다

실전 문제 **02** 한국어 교실 안내

もんだい　つぎの「韓国語教室の案内」を読んで、質問に答えてください。答えは1・2・3・4からいちばんいいものを一つえらんでください。

問1　山村さんは来年、仕事で韓国に行く予定です。韓国語を勉強したことがありませんから、無料入門コースに入りたいと思っています。これから何をしなければなりませんか。

1　第1月曜日にペンを持って行きます。
2　学校に行って申し込みます。
3　テキスト代の2160円を学校に送ります。
4　ホームページで申し込みます。

問2　吉田さんの専攻は韓国語です。将来、韓国で働きたいと思っているので韓国語能力検定試験を受けなければなりません。まずは正規コースに入って上級会話が勉強したいのです。これから何をしなければなりませんか。

1　第2月曜日に上級の会話クラスに入ります。
2　第2月曜日に授業料の39000円を持って行きます。
3　学校で申し込んでから入りたいクラスに入ります。
4　レベルチェックを受けてから自分のレベルに合うクラスに入ります。

韓国語教室

韓国語で会話ができる
ドラマや映画を字幕なしで見られる
K-POPが上手に歌える
韓国語能力検定試験対策

みなさんの目標に合わせた韓国語が学べます。それに韓国語の勉強が初めての方は無料で授業が受けられますから、気軽にご参加ください。

	入門コース	正規コース
対象	韓国語の勉強が初めての方	初級・中級のレベルの方 韓国語能力検定試験を目指している方
授業料	無料	39000円 (授業が始まる前にお支払いください)
回数	60分X6回 (第2月曜日スタート)	80分X10回 (第1月曜日スタート)
テキスト代	2160円	3200円

＊当日はペンやえんぴつをお持ちください。
＊先着順で各クラス15名までです。
＊申し込み：学校へいらっしゃって申込書をお書きください。
＊正規コースはレベルチェックが必要なので、まずは学校でレベルチェックをお受けください。

| 해석 및 해설 | **02 한국어 교실 안내** |

문제 해설

문제　다음 '한국어 교실 안내'를 읽고 질문에 답하시오. 답은 1·2·3·4에서 가장 적당한 것을 하나 고르시오.

문1 야마무라 씨는 내년에 업무상 한국에 갈 예정입니다. 한국어를 공부한 적이 없어서 무료 입문 코스에 들어가고자 합니다. 이제부터 무엇을 해야 합니까?

1　첫째 주 월요일에 펜을 가지고 갑니다.
2　학교에 가서 신청합니다.
3　교재비 2,160엔을 학교에 보냅니다.
4　홈페이지에서 신청합니다.

해설　입문 코스 부분을 보면 답을 알 수 있다. 1번, 입문 코스의 수업은 둘째 주 월요일에 시작하며, 3번, 교재비 2,160엔을 학교에 보내라는 내용은 없으므로 오답이다. 신청은 학교에 와서 신청서를 작성하라고 나와 있으므로 2번이 정답이 된다.

문2 요시다 씨의 전공은 한국어입니다. 향후, 한국에서 일할 생각이기 때문에 한국어능력검정시험을 봐야 합니다. 우선은 정규 코스에 들어가서 상급 회화를 공부하고 싶습니다. 이제부터 무엇을 해야 합니까?

1　둘째 주 월요일에 상급 회화 수업에 들어갑니다.
2　둘째 주 월요일에 수업료 39,000엔을 가지고 갑니다.
3　학교에서 신청하고 나서 들어가고 싶은 수업에 들어갑니다.
4　레벨 확인을 받고 나서 자신의 레벨에 맞는 수업에 들어갑니다.

해설　정규 코스 부분을 보면 답을 알 수 있다. 1번과 2번, 정규 코스의 수업은 첫째 주 월요일에 시작하며 수업료 39,000엔은 수업이 시작되기 전에 지불해야 하므로 오답이다. 정규 코스의 수업은 학교에서 레벨 확인을 받은 후 자신의 레벨에 맞는 수업에 들어가야 하므로 4번이 정답이 된다.

> 지문 해석

한국어 교실

한국어로 회화가 가능하다
드라마나 영화를 자막 없이 볼 수 있다
K-POP을 능숙하게 부를 수 있다
한국어능력검정시험 대책

여러분의 목표에 맞춘 한국어를 배울 수 있습니다. 또한 한국어 공부가 처음이신 분은
무료로 수업을 들으실 수 있으니 가벼운 마음으로 참가해 주세요.

	입문 코스	정규 코스
대상	한국어 공부가 처음이신 분	초급·중급 레벨이신 분 한국어능력검정시험을 목표로 하고 계신 분
수업료	무료	39,000엔 (수업이 시작되기 전에 지불해 주세요)
횟수	60분X6회(둘째 주 월요일 시작)	80분X10회 (첫째 주 월요일 시작)
교재비	2,160엔	3,200엔

* 당일은 펜이나 연필을 가지고 오세요.
* 선착순으로 각 반에 15명까지입니다.
* 신청 : 학교에 오셔서 신청서를 작성해 주세요.
* 정규 코스는 레벨 확인이 필요하므로 우선 학교에서 레벨 확인을 받아 주세요.

> 단어

予定 예정 | 無料入門 무료 입문 | コース 코스 | 第1月曜日 첫째 주 월요일 | 申し込む 신청하다 | テキスト代 교재비 | 専攻 전공 | 将来 장래 | 韓国語能力検定試験 한국어능력검정시험 | 正規 정규 | 上級 상급 | 会話 회화 | 字幕なし 자막 없음 | 歌詞 가사 | 目標 목표 | 合わせる 맞추다 | 学ぶ 배우다 | 気軽に 편하게, 부담 없이 | 参加 참가 | 対象 대상 | 授業回数 수업 횟수 | 当日 당일 | 先着順 선착순 | いらっしゃる 오시다 | 初級 초급 | 中級 중급 | 目指す 지향하다, 목표로 하다 | 支払う 지불하다 | 必要 필요

| 실전 문제 | **03** 온천 이벤트 |

もんだい つぎの「温泉の案内」を読んで、質問に答えてください。答えは 1・2・3・4 からいちばんいいものを一つえらんでください。

問 1 田中さんは7月15日から17日まで両親と一緒にこのホテルのDルームに泊まることにしました。このホテルの利用について正しいのはどれですか。

1　旅行の初めの日、無料で船に乗ることができます。
2　旅行の二日目、カラオケルームを一時間1000円で利用できます。
3　もし、6月10日に予約したら25%の割引になります。
4　7月16日、午前と午後2回無料で船に乗ることができます。

問 2 鈴木さんは夏休みに妻と小学生3年生の娘と5才の息子と一緒に温泉に行こうと思っています。夏休みは8月20日から23日までの3日間で、部屋はCルームにするつもりです。明日(7月30日)予約するとしたら、1泊の料金はいくらになりますか。

1　54000円
2　53000円
3　45000円
4　36000円

[温泉 海の幸] 夏休み特別イベント

1. 期間：平成29年7月16日〜8月31日
2. 宿泊料金20％割引になります。
3. ホテル前の湖を船に乗って楽しむことができます。（一日に一回に限り無料）
4. ホテル2階にあるカラオケルームを一時間1000円でご利用いただけます。

[料金表]

ルームタイプ	2名/1室利用	3名/1室利用	4名/1室利用
(A) 和室8畳	18500円→14800円	17500円→14000円	―
(B) 和室10畳	19500円→15600円	18500円→14800円	17500円→14000円
(C) 和室6畳＋8畳	24500円→19600円	23500円→18800円	22500円→18000円
(D) 和室12.5畳＋リビング	32500円→26000円	31500円→25200円	30500円→24400円

(注) 1泊2食付の大人一人の料金です。

　　小学生は大人料金の50％になり、小学生未満は無料です。

해석 및 해설 | 03 온천 이벤트

문제 해설

문제 다음 '온천 안내'를 읽고 질문에 답하시오. 답은 1·2·3·4에서 가장 적당한 것을 하나 고르시오.

문1 다나카 씨는 7월 15일부터 17일까지 부모님과 함께 이 호텔의 D룸에 숙박하기로 했습니다. 이 호텔의 이용에 대해서 올바른 설명은 무엇입니까?

1 여행 첫날 무료로 배를 탈 수 있습니다.
2 여행 둘째 날 노래방을 한 시간 1,000엔으로 이용할 수 있습니다.
3 만약, 6월 10일에 예약하면 25% 할인됩니다.
4 7월 16일 오전과 오후 2회 무료로 배를 탈 수 있습니다.

해설 1번, 여름휴가 특별 이벤트 기간은 7월 16일부터로 여행 첫날인 15일은 혜택이 없으며, 3번, 25% 할인에 대한 내용은 나오지 않으며, 4번, 배를 타는 것은 1일 1회로 한정되어 있기 때문에 오답이다.

문2 스즈키 씨는 여름휴가에 아내와 초등학교 3학년인 딸과 5살짜리 아들과 함께 온천에 갈 생각입니다. 여름휴가는 8월 20일부터 23일까지의 3일간이며, 방은 C룸으로 할 생각입니다. 내일(7월 30일) 예약한다면 1박 요금은 얼마가 됩니까?

1 54,000엔
2 53,000엔
3 45,000엔
4 36,000엔

해설 8월 20일부터 23일은 여름휴가 이벤트 기간이므로 할인된 가격을 봐야 한다. C룸을 4명이 사용했을 경우 성인 한 명의 가격은 18,000엔이고 초등학생은 성인의 50%라고 했다. 초등학생 미만은 무료이므로 합계는 45,000엔이 된다.

> 지문 해석

'온천 우미노사치' 여름휴가 특별 이벤트

1. 기간 : 헤이세이 29년 7월 16일~8월 31일
2. 숙박 요금 20% 할인해 드립니다.
3. 호텔 앞의 호수를 배를 타고 즐길 수 있습니다. (1일 1회로 한정 무료)
4. 호텔 2층에 있는 노래방을 한 시간에 1,000엔으로 이용하실 수 있습니다.

[요금표]

룸 타입	2명/1 객실 이용	3명/1 객실 이용	4명/1 객실 이용
(A) 다다미 방 8조	18,500엔→14,800엔	17,500엔→14,000엔	—
(B) 다다미 방 10조	19,500엔→15,600엔	18,500엔→14,800엔	17,500엔→14,000엔
(C) 다다미 방 6조＋8조	24,500엔→19,600엔	23,500엔→18,800엔	22,500엔→18,000엔
(D) 다다미 방 12.5조＋거실	32,500엔→26,000엔	31,500엔→25,200엔	30,500엔→24,400엔

(주) 1박 2식이 포함된 성인 1인의 요금입니다.
초등학생은 성인 요금의 50%이고, 초등학생 미만은 무료입니다.

> 단어

両親 부모님 | 泊まる 숙박하다 | 利用 이용 | 初めの日 첫날 | 無料 무료 | 船 배 | 二日目 둘째 날 | カラオケルーム 노래방 | もし 만약, 만일 | 予約 예약 | 割引 할인 | 午前 오전 | 午後 오후 | 温泉 온천 | 一泊 1박 | 海の幸 바다 음식(여기서는 고유명사) | 特別 특별 | 期間 기간 | 宿泊料金 숙박 요금 | 湖 호수 | 楽しむ 즐기다 | ～に限り ～에 한해서 | 和室 일본식 방 | ～畳 ～장(다다미를 세는 단위) | リビング 거실 | ～付 ～포함, ～가 딸림 | 大人 성인 | 未満 미만

실전 문제 **04 일본어 학교 안내**

もんだい　つぎの「日本語学校の案内」を見で、質問に答えてください。答えは1・2・3・4からいちばんいいものを一つえらんでください。

問1　外国人留学生のレオさんのお風呂の時間と会館(かいかん)に帰る時間はいつがいいですか。

1　お昼の3時と夜11時30分
2　朝の11時と夜11時
3　朝8時と夜11時30分
4　夜8時と夜11時

問2　学生会館(かいかん)のルールと合っているものはどれですか。

1　休みのときは1食(しょく)2500円で食べられます。
2　休みのときはいつでも洗濯(せんたく)ができます。
3　休みのときはだいどころの中だけで料理ができます。
4　休みのときはいつでもお風呂に入ることができます。

日本語学校の学生会館(かいかん)に住むみなさんへ

本校の学生会館(かいかん)に住んでいる留学生は

つぎのルールをかならず守(まも)ってください。

- ひとりの部屋(へや)のなかでは、料理をしてはいけません。だいどころは3階(がい)にあります。
- 洗濯機(せんたくき)はコインを入(い)れて使(つか)ってください。(午後3:00〜7:00)
- 朝、8時以後(いご)はおふろは使えません。朝はみんな忙しいからです。
  夜、8時からは自由に入ってもいいです。
- 夜11時までには学生会館(かいかん)に帰ってきてください。

※1　夏休みと冬休みのとき、お国へ帰らない人は部屋で料理をすることができます。
　　朝と晩ごはんは会館で作ってくれます。(2食で5000円、1食だけは食べられません。)
※2　洗濯(せんたく)は自由にできます。

해석 및 해설 | 04 일본어 학교 안내

문제 해설

문제　다음 '일본어 학교 안내'를 보고 질문에 답하시오. 답은 1·2·3·4에서 가장 적당한 것을 하나 고르시오.

문1 외국인 유학생인 레오 씨의 목욕 시간과 회관에 돌아오는 시간은 언제가 적당합니까?

1　낮 3시와 저녁 11시 30분
2　아침 11시와 밤 11시
3　아침 8시와 밤 11시 30분
4　밤 8시와 밤 11시

해설　학생회관 규칙 중 세 번째 사항에서 아침 시간에는 모두 바쁘기 때문에 목욕탕을 이용할 수 없지만, 밤 8시부터는 자유롭게 이용할 수 있다고 했고, 네 번째 사항에서 11시까지는 학생회관으로 돌아오라고 했으니 정답은 4번이다.

문2 학생회관의 규칙과 맞는 것은 어느 것입니까?

1　방학 때는 1식을 2,500엔에 먹을 수 있습니다.
2　방학 때는 언제든지 세탁을 할 수 있습니다.
3　방학 때는 부엌 안에서만 요리를 할 수 있습니다.
4　방학 때는 언제든지 목욕할 수 있습니다.

해설　※1에서 [2食で5000円、1食だけは食べられません]이라는 부분에서 한 끼만 먹을 수는 없다고 했으니 선택지 1번은 오답. ※2에서 [洗濯は自由にできます]라고 했으니 2번이 정답이다. ※1에서 [夏休みと冬休みのとき、お国へ帰らない人は部屋で料理をすることができます]라고 했으니 3번도 오답, 방학 동안의 목욕탕 이용에 관한 부분은 본문에 제시되지 않았다.

> **지문 해석**

일본어 학교의 학생회관에 사는 모든 분들께

본교의 학생회관에 살고 있는 유학생은 다음의 규칙을 반드시 지켜 주십시오.

- 개인의 방 안에서는 요리를 해서는 안 됩니다. 부엌은 3층에 있습니다.
- 세탁기는 동전을 넣고 사용하십시오. (오후 3:00~7:00)
- 아침 8시 이후에는 목욕탕을 이용할 수 없습니다. 아침에는 모두 바쁘기 때문입니다. 밤 8시부터는 자유롭게 이용해도 됩니다.
- 밤 11시까지는 학생회관으로 돌아오십시오.

※1 여름방학과 겨울방학 때 고향으로 돌아가지 않는 사람은 방에서 요리할 수 있습니다. 아침과 저녁밥은 회관에서 만들어 줍니다. (2식 5,000엔. 1식만 먹을 수는 없습니다.)
※2 세탁은 자유롭게 할 수 있습니다.

> **단어**

留学生 유학생 | お風呂 목욕(탕) | 会館 회관 | お昼 낮 | 夜 밤 | 朝 아침 | 1食 1식, 한 끼 | いつでも 언제든지 | 洗濯 세탁, 빨래 | だいどころ 부엌 | 料理 요리 | ~ことができる ~을 할 수 있다 | お風呂に入る 목욕하다 | 住む 살다 | ルール 룰, 규칙 | かならず 반드시, 꼭 | 守る 지키다 | 説明する 설명하다 | ~なければならない ~하지 않으면 안 되다, ~해야 하다 | ~ながら ~하면서 | ~てはいけない ~해서는 안 되다 | 洗濯機 세탁기 | コインを入れる 동전을 넣다 | 使う 사용하다 | 以後 이후 | 忙しい 바쁘다 | 自由に 자유롭게 | 夏休み 여름방학, 여름휴가 | 冬休み 겨울방학 | お国へ帰る 고국에 돌아가다 | 晩ごはん 저녁밥

실전 문제 05 **목욕탕 안내**

もんだい つぎの「お風呂の案内」を読んで、質問に答えてください。答えは1・2・3・4からいちばんいいものを一つえらんでください。

問1 中学2年生の田中君は、父と母、小学3年生のおとうとと4人で、金よう日の18時ごろお風呂に行きました。全部でいくらになりますか。

1　2250円
2　2150円
3　2050円
4　2000円

問2 本文のないようと合っているものはどれですか。

1　プリペイドカードは、お風呂の前に見せるものです。
2　5才の子どもは、ただでお風呂ができます。
3　回数券（かいすうけん）は、毎日、とくとくカードといっしょに使えます。
4　第3月よう日は、そうじのため、いつも休みです。

お風呂の案内

▶ 営業時間

平日（月〜金）：11:00 ～ 24:00

土日・祝日　　：08:00 ～ 24:00

▶ 休みの日

毎月、第３月よう日は、そうじのため、お休みです。

（※第３月よう日が祝日のときは、営業します。）

▶ 朝風呂の日

土日・祝日は、「朝風呂の日」となっています。

8:00から営業するので、ゆっくりと朝風呂をお楽しみください。

▶ お使いの料金

お使いの料金は、下のようになります。

お得な回数券やプリペイドカードも用意しています。

(回数券を使うと、一回分がただになります。)

	平日	土日、祝日 (年末年始・おぼん休みなど)
大人(中学生以上)	600円	700円
子ども(小学生以下3歳以上)	350円	400円
回数券(平日だけ使える)	11枚 6000円	
とくとくカードは お得なプリペイドカードです	5000円(5400円分)	

※1 プリペイドカードは、お風呂の前に見せてください。

※2 回数券は、とくとくカードといっしょに土日には使えません。

| 해석 및 해설 | **05** 목욕탕 안내 |

문제 해설

문제　다음 '목욕탕 안내'를 읽고 질문에 답하시오. 답은 1·2·3·4에서 가장 적당한 것을 하나 고르시오.

문1 중학교 2학년인 다나카 군은 부모님과 초등학교 3학년인 남동생과 넷이서 금요일 18시쯤 목욕탕에 갔습니다. 전부 얼마가 됩니까?

1　2,250엔　　　2　2,150엔　　　3　2,050엔　　　4　2,000엔

해설　부모님과 다나카 군 3명은 평일 성인 요금이 적용되어 600엔×3=1,800엔
초등학교 3학년인 동생은 어린이 평일 요금이 적용되어 350엔
이를 합하면 2번의 2,150엔이다.

문2 본문의 내용과 맞는 것은 어느 것입니까?

1　선불카드는 목욕 전에 보여 주는 것입니다.
2　5살 어린이는 무료로 목욕할 수 있습니다.
3　회수권은 매일 도쿠토쿠 카드와 함께 사용할 수 있습니다.
4　셋째 월요일은 청소 때문에 항상 쉽니다.

해설　선택지 1번은 ※1의 [プリペイドカードは、お風呂の前に見せてください]라고 하였으니 정답이다. 2번은 요금표에 3살 이상은 어린이 요금 350엔을 지불하고 이용해야 하므로 오답. 3번은 ※2 [回数券は、とくとくカードといっしょに土日には使えません]이라고 했으니 오답이다. 4번은 休みの日를 보면 셋째 월요일이 공휴일인 경우 영업을 한다고 했으니 항상 쉬는 것은 아니다. 그러므로 4번도 오답이다.

> 지문 해석

목욕탕 안내

▶ **영업시간**

평일(월~금) : 11 : 00 ~ 24 : 00
토일·공휴일 : 08 : 00 ~ 24 : 00

▶ **휴일**

매월 셋째 월요일은 청소 때문에 쉽니다.
(※셋째 월요일이 공휴일인 경우에는 영업합니다.)

▶ **아침 목욕의 날**

토일·공휴일은 '아침 목욕의 날'입니다. 8시부터 영업하오니 여유롭게 아침 목욕을 즐기십시오.

▶ **이용 요금**

이용 요금은 아래와 같습니다. 이용에 유리한 회수권과 선불카드도 준비하고 있습니다.
(회수권을 이용하면 1회분이 무료가 됩니다.)

	평일	토일, 공휴일 (연말연시·오본 연휴 등)
성인(중학생 이상)	600엔	700엔
어린이(초등학생 이하 3세 이상)	350엔	400엔
회수권(평일만 사용 가능)	11장 6,000엔	
도쿠토쿠 카드는 유리한 선불카드입니다	5,000엔(5,400엔 분)	

※1 선불카드는 목욕 전에 보여 주십시오.
※2 회수권은 도쿠토쿠 카드와 함께 토·일요일에는 사용할 수 없습니다.

> 단어

~年生(ねんせい) ~학년 | **プリペイドカード** 선불카드 | **ただで** 공짜로 | **回数券(かいすうけん)** 회수권 | **~といっしょに** ~와 함께 | **そうじ** 청소 | **~のため** ~을 위함 | **いつも** 항상, 언제나 | **営業(えいぎょう)** 영업 | **平日(へいじつ)** 평일 | **土日(どにち)** 토요일과 일요일 | **祝日(しゅくじつ)** 경축일, 공휴일 | **ゆっくりと** 여유롭게 | **楽(たの)しむ** 즐기다 | **お使(つか)い** 사용 | **料金(りょうきん)** 요금 | **お得(とく)な** 득이 되는, 유리한 | **用意(ようい)する** 준비하다 | **一回分(いっかいぶん)** 1회분 | **年末年始(ねんまつねんし)** 연말연시 | **大人(おとな)** 어른

실전 문제 **06** 커피 메뉴 공지

もんだい つぎは駅前に新しくできたコーヒーショップの「コーヒーメニューのお知らせ」です。内容をよく読んで、質問に答えてください。答えは1・2・3・4からいちばんいいものを一つえらんでください。

問1 3人でコーヒーショップに行きました。金ようびの夜だったので人が多かったです。2人はパンとSカプチノ、もう一人はシャットを入れてSアメリカノを注文しました。いくらになりますか。

1　980円
2　1000円
3　1200円
4　1400円

問2 今月の最初(さいしょ)の土曜日に、この店で友だち6人と会うことにしました。「コーヒーメニューのお知らせ」を読んで、内容と合っているものをえらんでください。

1　2人は無料でアメリカノを飲みました。
2　1人はSカフェモッカにクリムを入れて、290円を出します。
3　2人はトストとSアメリカノをえらんで、500円を出します。
4　1人はトストとMアメリカノにシャットを入れて370円を出します。

コーヒーメニューのお知らせ

駅の近くに新しいコーヒーショップができました。
あつあつのパンもありますので、ご利用ください。
パンとコーヒーをセットにすると、もっと安く飲めます。

メニュー	サイズ	値段
今日のコーヒー	M	210円
アメリカノ	S、M、R	230円、250円、280円
カフェラッテ	S、M	270円、310円
カフチノ	S、M	270円、310円
カフェモッカ	S、M	290円、330円

※ スペシャルイベント：毎月、最初の土曜日はSサイズのアメリカノが無料になります。

※ ご注意!!!
- カフェモッカに生クリームがはいると30円いただきます。
- 味がうすい時はシャットを追加できますが、50円をいただくことになります。
- パンとコーヒーをセットにすると、コーヒーの種類に関係なく30円安くなります。
- パンはトストで120円です。

해석 및 해설 06 커피 메뉴 공지

문제 해설

문제 다음은 역 앞에 새로 생긴 커피숍의 '커피 메뉴 공지'입니다. 내용을 잘 읽고 질문에 답하시오. 답은 1·2·3·4에서 가장 적당한 것을 하나 고르시오.

문1 세 명이 커피숍에 갔습니다. 금요일 밤이어서 사람이 많았습니다. 두 명은 빵과 S카푸치노, 다른 한 명은 샷을 추가한 S아메리카노를 주문했습니다. 얼마가 됩니까?

1　980엔
2　1,000엔
3　1,200엔
4　1,400엔

해설 두 사람의 빵과 S카푸치노는 (120엔＋270엔－30엔)×2＝720엔(세트로 하면 30엔 저렴해지므로 －30엔을 함)
샷을 추가한 S아메리카노는 50엔＋230엔＝280엔
이를 합하면 1,000엔이 된다. 따라서 답은 2번이다.

문2 이번 달 첫 번째 토요일에 이 가게에서 친구 여섯 명과 만나기로 했습니다. '커피 메뉴 공지'를 읽고 내용과 맞는 것을 고르시오.

1　두 사람은 무료로 아메리카노를 마셨습니다.
2　한 사람은 S카페모카에 크림을 넣어 290엔을 냅니다.
3　두 사람은 토스트와 S아메리카노를 선택해 500엔을 냅니다.
4　한 사람은 토스트와 M아메리카노에 샷을 넣어 370엔을 냅니다.

해설 선택지 2번 S카페모카에 크림을 추가하면 320엔이니 오답이고, 3번 S아메리카노는 이날 무료이므로 토스트 값만 내면 된다. 토스트가 두 개, 240엔이므로 오답. 4번은 빵과 커피 세트(120＋250－30＝340엔)에 샷을 추가(50엔)하면 390엔을 지불해야 하니 오답이다. 따라서 답은 1번. 스페셜 이벤트로 첫 토요일에 S사이즈 아메리카노를 무료로 마실 수 있다.

> **지문 해석**

커피 메뉴 공지

역 근처에 새로운 커피숍이 생겼습니다.
따끈따끈한 빵도 있으니 이용해 주십시오.
빵과 커피를 세트로 하시면 더 저렴하게 드실 수 있습니다.

메뉴	사이즈	가격
오늘의 커피	M	210엔
아메리카노	S, M, R	230엔, 250엔, 280엔
카페라떼	S, M	270엔, 310엔
카푸치노	S, M	270엔, 310엔
카페모카	S, M	290엔, 330엔

※ 스페셜 이벤트 : 매월 첫 토요일은 S사이즈 아메리카노가 무료입니다.
※ 주의!!!
- 카페모카에 생크림을 넣으면 30엔이 추가됩니다.
- 맛이 연할 때에는 샷을 추가할 수 있는데 50엔을 추가로 받습니다.
- 빵과 커피를 세트로 하면 커피 종류에 관계 없이 30엔 저렴해집니다.
- 빵은 토스트로 120엔입니다.

> **단어**

駅前(えきまえ) 역 앞 | コーヒーショップ 커피숍 | シャット 샷(커피 추출액) | 入(い)れる 넣다 | 注文(ちゅうもん) 주문 | 最初(さいしょ) 처음, 첫 | ～ことにする ～하기로 하다 | えらぶ 고르다 | 無料(むりょう)で 무료로 | 出(だ)す 내다, 값을 치르다 | あつあつ 따끈따끈 | スペシャル 스페셜 | イベント 이벤트 | カフェモッカ 카페모카 | 生(なま)クリーム 생크림 | 味(あじ) 맛 | うすい 연하다, 싱겁다 | 追加(ついか) 추가 | ～ことになる ～하게 되다 | 種類(しゅるい) 종류 | 関係(かんけい)なく 관계 없이

실전 문제 **07 한자 검정시험 정보**

もんだい　つぎの表を見て、質問に答えてください。答えは1・2・3・4からいちばんいいものを一つえらんでください。

問 1　小学校の3年生になるレイコちゃんは、兄といっしょに漢字のテストを受けます。兄は5級、レイコちゃんは8級を受けます。お金はぜんぶでいくらかかりますか。

1　4500円
2　3500円
3　3200円
4　1800円

問 2　つぎの表の内容と合っているものはどれですか。

1　3級のテストを受ける人は、40分でテストが終わります。
2　5級のテストを受ける人は、1200字くらいの漢字を勉強すれば十分です。
3　7級の満点は200点で、158点は不合格です。
4　小学3年生で、漢字を約250字知っている子どもには、8級のテストがいいです。

漢字能力検定試験の情報

級	レベル	合格点	時間	検定料
1級	大学卒業程度 （約6000字）	200点満点　80％程度	各60分	4500円
2級	高校卒業・大学在学程度 （約1945字）	200点満点　80％程度		3500円
3級	中学校卒業程度 （約1608字）	200点満点　70％程度		1800円
4級	中学校在学程度 （約1322字）	200点満点　70％程度		1800円
5級	小学校卒業程度 （約1066字）	200点満点　70％程度		1800円
6級	小学校5年生修了程度 （約825字）	200点満点　70％程度		1800円
7級	小学校4年生修了程度 （約640字）	200点満点　70％程度		1800円
8級	小学校3年生修了程度 （約440字）	150点満点　80％程度	各40分	1400円
9級	小学校2年生修了程度 （約240字）	150点満点　80％程度		1400円
10級	小学校1年生修了程度 （約80字）	150点満点　80％程度		1400円

해석 및 해설   07 한자 검정시험 정보

문제 해설

문제 다음 표를 보고 질문에 답하시오. 답은 1·2·3·4에서 가장 적당한 것을 하나 고르시오.

문1 초등학교 3학년이 되는 레이코는 오빠와 함께 한자 시험을 봅니다. 오빠는 5급, 레이코는 8급을 봅니다. 돈은 전부 해서 얼마가 듭니까?

1 4,500엔
2 3,500엔
3 3,200엔
4 1,800엔

해설 5급의 검정료는 1,800엔, 8급의 검정료는 1,400엔이므로 합하면 3,200엔 즉, 3번이 정답이다.

문2 다음 표의 내용과 맞는 것은 어느 것입니까?

1 3급 시험을 치는 사람은 40분이면 시험이 끝납니다.
2 5급 시험을 치는 사람은 1,200자 정도의 한자를 공부하면 충분합니다.
3 7급의 만점은 200점으로 158점은 불합격입니다.
4 초등학교 3학년으로 한자를 약 250자 알고 있는 아이에게는 8급 시험이 적당합니다.

해설 선택지 1번은 3급의 시험시간은 60분이니 오답. 3번은 200점의 70%는 140점이니 158점은 합격점이 므로 오답이다. 4번은 250자는 8급과 9급 레벨 중 9급에 더 가까우니 오답이다. 따라서 답은 2번. 5급 레벨에서 알아야 할 한자 수는 1,066자로 1,200자를 공부해 두면 충분히 합격할 수 있다.

> 지문 해석

한자능력 검정시험 정보

급수	레벨	합격점	시간	검정료
1급	대학 졸업 정도 (약 6,000자)	200점 만점 80% 정도	각 60분	4,500엔
2급	고등학교 졸업·대학 재학 정도 (약 1,945자)	200점 만점 80% 정도		3,500엔
3급	중학교 졸업 정도 (약 1,608자)	200점 만점 70% 정도		1,800엔
4급	중학교 재학 정도 (약 1,322자)	200점 만점 70% 정도		1,800엔
5급	초등학교 졸업 정도 (약 1,066자)	200점 만점 70% 정도		1,800엔
6급	초등학교 5학년 수료 정도 (약 825자)	200점 만점 70% 정도		1,800엔
7급	초등학교 4학년 수료 정도 (약 640자)	200점 만점 70% 정도		1,800엔
8급	초등학교 3학년 수료 정도 (약 440자)	150점 만점 80% 정도	각 40분	1,400엔
9급	초등학교 2학년 수료 정도 (약 240자)	150점 만점 80% 정도		1,400엔
10급	초등학교 1학년 수료 정도 (약 80자)	150점 만점 80% 정도		1,400엔

> 단어

テストを受ける 시험을 보다 | **終わる** 끝나다 | **勉強する** 공부하다 | **十分だ** 충분하다 | **満点** 만점 | **不合格** 불합격 | **約~** 약~ | **合格点** 합격점 | **検定料** 검정료 | **程度** 정도 | **修了** 수료 | **各~** 각~

실전 문제 08 스케줄

もんだい つぎのふたりのスケジュールを見て、質問に答えてください。
答えは1・2・3・4からいちばんいいものを一つえらんでください。

問1 マリアさんとリオさんはアルバイトをしながら勉強しています。アルバイトで疲れて、勉強の時間があまりないため、成績が悪くなりそうな人はだれですか。

1　いません。
2　マリアさん
3　リオさん
4　2人とも

問2 マリアさんとリオさんが使う生活費のなかで、おなじなのはどれですか。

1　家賃、服などの買い物
2　食費、けいたい電話などの通信料
3　インターネットなどの通信料、家賃
4　ガス代などの公共料金、食費

マリアさんの一週間のスケジュール

	日	月	火	水	木	金	土
7:00	起きる	起きる	起きる	起きる	起きる	起きる	起きる
10:00	勉強	授業	学校を休んでバイト	学校を休んでバイト	学校を休んでバイト	授業	バイト
12:00							
16:00							
18:00	バイト	勉強				バイト	
21:00							
23:00	寝る	寝る	寝る	寝る	寝る	寝る	寝る

リオさんの一週間のスケジュール

	日	月	火	水	木	金	土
7:00	起きる	起きる	起きる	起きる	起きる	起きる	起きる
10:00	買い物	授業	授業	授業	授業	授業	バイト
12:00							
16:00	バイト	勉強	バイト	勉強	勉強	バイト	勉強
18:00							
21:00							
23:00	寝る	寝る	寝る	寝る	寝る	寝る	寝る

マリアさんとリオさんの一ヶ月の生活

	マリアさん	リオさん
バイト時間（時給850円）	35時間	25時間
家族からの送金	年に一回もなし	半年に一回はある
家賃	45000	45000
教材費	0	5000
公共料金（電気代、水道代、ガス代）	9000	9000
通信料（けいたい電話、インターネット）	8000	8000
買い物など（食費、服など）	70000	35000

해석 및 해설 08 스케줄

문제 해설

문제　다음 두 사람의 스케줄을 보고 질문에 답하시오. 답은 1·2·3·4에서 가장 적당한 것을 하나 고르시오.

문1 마리아 씨와 리오 씨는 아르바이트를 하면서 공부를 하고 있습니다. 아르바이트로 피곤하여 공부 시간이 별로 없어 성적이 나빠질 것 같은 사람은 누구입니까?

1　없습니다.　　2　마리아 씨　　3　리오 씨　　4　두 사람 모두

해설 마리아 씨의 스케줄을 보면 학교를 쉬면서까지 아르바이트를 하고 있다는 것을 알 수 있고, 두 사람의 한 달 생활표를 보아도 마리아 씨는 35시간으로 리오 씨보다 10시간 많이 일하고 있다.

문2 마리아 씨와 리오 씨가 사용하는 생활비 중 같은 것은 어느 것입니까?

1　집세, 옷 등의 쇼핑
2　식비, 휴대전화 등의 통신료
3　인터넷 등의 통신료, 집세
4　가스비 등의 공공요금, 식비

해설 한 달 생활비로 같은 것은 집세, 공공요금, 통신료이다. 따라서 올바른 것은 3번이다.

단어

スケジュール 스케줄 | アルバイト 아르바이트(줄여서 バイト라고도 함) | 疲(つか)れる 지치다, 피곤하다 | 成績(せいせき) 성적 | ～なりそうな ～해질 것 같은 | 生活費(せいかつひ) 생활비 | 家賃(やちん) 집세 | 服(ふく) 옷 | ～など ～등 | 買(か)い物(もの) 쇼핑, 장보기 | 食費(しょくひ) 식비 | 通信料(つうしんりょう) 통신료 | ガス代(だい) 가스비 | 公共料金(こうきょうりょうきん) 공공요금 | 起(お)きる 일어나다 | 授業(じゅぎょう) 수업 | 休(やす)む 쉬다 | 寝(ね)る 자다 | 時給(じきゅう) 시급 | 送金(そうきん) 송금 | 教材費(きょうざいひ) 교재비 | 電気代(でんきだい) 전기세 | 水道代(すいどうだい) 수도세 | 半年(はんとし) 반년, 6개월

> **지문 해석**

마리아 씨의 일주일 스케줄

	일	월	화	수	목	금	토
7:00	기상	기상	기상	기상	기상	기상	기상
10:00	공부	수업	학교를 쉬고 아르바이트	학교를 쉬고 아르바이트	학교를 쉬고 아르바이트	수업	아르바이트
12:00							
16:00	아르바이트						
18:00		공부				아르바이트	
21:00							
23:00	취침	취침	취침	취침	취침	취침	취침

리오 씨의 일주일 스케줄

	일	월	화	수	목	금	토
7:00	기상	기상	기상	기상	기상	기상	기상
10:00	쇼핑	수업	수업	수업	수업	수업	아르바이트
12:00							
16:00	아르바이트						
18:00		공부	아르바이트	공부	공부	아르바이트	공부
21:00							
23:00	취침	취침	취침	취침	취침	취침	취침

마리아 씨와 리오 씨의 한 달 생활

	마리아 씨	리오 씨
아르바이트 시간(시급 850엔)	35시간	25시간
집에서의 송금	일년에 한 번도 없음	6개월에 한 번은 있음
집세	45,000	45,000
교재비	0	5,000
공공요금 (전기세, 수도세, 가스비)	9,000	9,000
통신료 (휴대전화, 인터넷)	8,000	8,000
쇼핑 등(식비, 옷 등)	70,000	35,000

Memo

점수를 UP시키는
N4·5 독해

Part 3

파이널 테스트

1. N5 파이널 테스트 1~2회
2. N4 파이널 테스트 1~2회
3. 파이널 테스트 정답 및 해설

JLPT(일본어 능력시험) N5 파이널 테스트 ❶

제한 시간 : 35分

もんだい4　つぎの　ぶんを　読んで　しつもんに　こたえて　ください。こたえは　1・2・3・4から　いちばん　いい　ものを　一つ　えらんで　ください。

ーお知らせー

　きのうの　ごぜんから　1階の　トイレの　水が　出なかったので、工事を　して　います。なおすのに　一週間くらい　かかると　思います。ですから、1階の　生徒たちは　トイレを　なおすまで　2、3階の　トイレを　使って　ください。

---

[1]　ただしい　ものは　どれですか。

1　1階の　トイレが　こわれました。
2　1階の　生徒たちは　一週間の　あいだ、トイレが　使えません。
3　1階から　3階まで　すべての　トイレの　水が　出ません。
4　1階の　トイレが　使えないのは　2、3日くらいです。

明日の スケジュールを 伝えます。明日は みなさんの 大好きな ディズニーランドに 行きます。ホテルを 10時に 出発するので、8時30分までに ロビーに あつまって ください。バスに 乗る 前に 朝ごはんを 食べます。食べたく ない 人は 部屋に いても いいですが、9時30分までには ロビーに 来て ください。

2 朝ごはんを 食べたく ない 人は どう しなければ なりませんか。

1 10時まで 部屋に います。
2 9時30分までに ロビーに あつまります。
3 9時30分までに バスに 乗ります。
4 8時30分から 9時30分まで ロビーで 待ちます。

日本では 夏に なると あちらこちらで オクトーバーフェストを します。ドイツの おいしい ビールと 食べ物を 食べる ことが できます。また ドイツの 音楽バンドも 来ますから ほんとうに 楽しいです。ビールは 少し 高いですが いろいろな ビールが あって とても いいです。

3 「オクトーバーフェスト」に ついて ただしく ないのは どれですか。

　　1 ドイツの ビールを たくさん 飲む ことが できます。
　　2 ドイツの 音楽を 聞く ことが できます。
　　3 夏に いろいろな ところで します。
　　4 ドイツの 料理を 安く 食べる ことが できます。

もんだい5 つぎの ぶんを 読んで しつもんに こたえて ください。こたえは 1・2・3・4から いちばん いい ものを 一つ えらんで ください。

　わたしは 韓国人ですが、日本で 留学を して います。わたしは まだ 日本語が できなくて 友達の はなしが ちょっとしか わかりません。でも わたしより 先に 日本に 来た 外国人の 友達や 日本人の 友達が いろいろ 手伝って くれます。ある日、わたしと 日本人の 友達、アメリカ人の 友達、イギリス人の 友達、4人で お酒を 飲みました。お酒を 飲みながら いろいろ 話したり ゲームを したり しました。お酒を 飲んでから 日本人の 友達が ラーメンを 食べに 行こうと いいました。すると、アメリカ人の 友達は お酒の 後は ピザに しようと いいました。イギリス人の 友達は ケバブに しようと いいました。韓国では お酒を 飲んでから ヘジャンクを 食べます。国によって お酒を 飲んでから 食べる ものが ちがって おもしろかったです。

4 この 人の せつめいで、ただしい ものは どれですか。

1 韓国人で 日本の ラーメンが とても 好きです。
2 韓国人で 外国人の 友達と 遊ぶ ことが 好きです。
3 韓国人で お酒を 飲む ことが 大好きです。
4 韓国人で まだ 日本語が あまり 上手じゃ ありません。

5 この 人が いちばん 言いたい ことは 何ですか。

1 外国人と お酒を 飲むと みんな 好きな ものが 違うから めんどうくさいです。
2 日本で 留学を して いる 外国人は ラーメンが 好きです。
3 お酒を 飲んでから 食べる ものが 国に よって 違うから おもしろいです。
4 日本人と お酒を 飲むと 日本語が 上手に なります。

もんだい6　つぎの　ページは「アルバイト　募集の　あんない」です。ぶんを　読んで　しつもんに　こたえて　ください。こたえは　1・2・3・4から　いちばん　いい　ものを　一つ　えらんで　ください。

中国人の　リーさんは　じゅぎょうの　あと、アルバイトを　しようと　思って　います。火、木ようびは　じゅぎょうが　終わってから　サッカーの　れんしゅうが　あるので、たいてい　7時に　家へ　帰ります。じゅぎょうは　月ようびから　金ようびまで、いつも　4時に　終わります。週末は　ゆっくり　休みたいので　働きたく　ないと　言って　います。

6　りーさんが　できる　アルバイトは　どれですか。

1　あさひスーパー
2　山田ホテル
3　いざかや「はやし」
4　PIZZA HOUSE

土、日ようびも 働ける 人

時間：17時〜22時(週4回)
時給：980円
まずは お電話 ください。

あさひスーパー(☎)0120-716-776

ホテルで 働いた ことの ある 人

時間：20時〜23時(週3回)
時給：1100円
仕事：そうじ・あんない

山田ホテル

私たちと 楽しく 働きませんか。

明るくて 元気な 人なら OK！
時間：18時〜22時(週2回)
時給：950円

いざかや「はやし」

料理が 好きな 人〜

仕事：キッチン・ちょうり
時間：15時〜20時(週4回)
時給：1000円

PIZZA HOUSE(☎)0130-123-4567

JLPT(일본어 능력시험) N5 파이널 테스트 ❷

제한 시간 : 35分

もんだい 4 つぎの ぶんを 読んで しつもんに こたえて ください。こたえは 1・2・3・4から いちばん いい ものを 一つ えらんで ください。

れいこ：たなかさん、近くに ゆうびんきょくは ありませんか。

たなか：わたしも よく わかりません。あそこに こうばんが ありますから、そこで きいて みたら どうですか。

れいこ：あー。どうも ありがとうございます。

---

1 ただしい ものは どれですか。

1 ゆうびんきょくは どこにも ありませんでした。
2 れいこさんは ほかの ひとに ききます。
3 ゆうびんきょくは こうばんの 近くに あります。
4 れいこさんは これから こうばんへ いきます。

わたしの アパートは 古くて 小さい 部屋が 1つだけです。でも、えきから 5分です。
スーパーマーケットも 近くに あります。ぎんこうも ゆうびんきょくも アパートの 近くに あります。とても べんりです。

2 どんな アパートですか。

1 ひろくて きれいな アパートです。
2 小さいですが、しずかな アパートです。
3 古いですが、べんりな アパートです。
4 部屋が おおい アパートです。

きょうは 田中くんの たんじょうびでした。田中くんは 鈴木さんから プレゼントに ハンカチを もらいました。田中くんは 鈴木さんが 帰ると その ハンカチを わたしに くれました。同じような ハンカチを きのう もらったからです。

3 この ぶんの ないように あって いる ものは どれですか。

1 鈴木さんは 田中くんに ハンカチを 2まい あげました。
2 田中くんは ハンカチを もらって とても うれしかった です。
3 わたしは ハンカチを もらって とても うれしかった です。
4 田中くんは プレゼントに ハンカチを 2まい もらいました。

もんだい5 つぎの ぶんを 読(よ)んで しつもんに こたえて ください。
こたえは 1・2・3・4から いちばん いい ものを 一(ひと)つ えらんで ください。

　あさから ずっと あたまが いたくて、びょういんへ 行(い)きました。いろいろ しらべてから、お医者(いしゃ)さんが、「からだに わるい ところは ないようです。」と 言(い)ったので、安心(あんしん)しました。

　しかし、お医者(いしゃ)さんは「からだには わるい ところが なくても、目(め)に わるい ところが あると、あたまが いたく なる ばあいも ありますから、目の ところを しらべて みましょう。」と 言(い)いました。目の どこが わるいか しらべた あと、家(うち)に かえりました。

　いまも やっぱり あたまが いたいです。このごろ、本(ほん)を 読(よ)みすぎて、目(め)が つかれて いるかも しれません。

4 この 人は、どうして びょういんへ 行きましたか。

1 あたまが いたかったからです。
2 あたまが おもかったからです。
3 目が つかれて いたからです。
4 目が いたかったからです。

5 本文の せつめいで、ただしい ものは どれですか。

1 お医者さんは、わたしに あたまが わるいと 言いました。
2 お医者さんは、わたしに 目に わるい ところが あるかも しれないと 言いました。
3 お医者さんは、わたしに からだに わるい ところが あると 言いました。
4 お医者さんは、わたしに 本を 読まない ほうが いいと 言いました。

もんだい6 つぎの ページは「田中プロの ゴルフ教室」です。つぎの ぶんを 読んで しつもんに こたえて ください。
こたえは 1・2・3・4から いちばん いい ものを 一つ えらんで ください。

山田さんは 3ヶ月前から ゴルフを 始めました。はじめは あまり 楽しく なかったですが、いまは、ねる 前も あたまの なかは ゴルフの ことで いっぱいです。もっと ゴルフが じょうずに なりたいです。けさの 新聞で、ゆうめいな 田中プロに レッスンを 受ける「田中プロの ゴルフ教室」の 案内を 見て、この 教室に 行きたいと 思いました。

---

6 山田さんは、「田中プロの ゴルフ教室」に 参加したいです。山田さんは、これから どう すれば いいですか。

1 19日の 朝、25000円を 持って、ホテルに 行って 話します。
2 19日の 午後 5時に、運動着(注)を 着て、「ゴルフ教室」に 行きます。
3 19日の 朝、電話で 予約します。
4 19日の 午後 5時に、ワインを 持って 行きます。

(注) 運動着：運動するときに 着る 服のこと

田中プロに 習う ショットゲーム 練習～!!
プロの ノウハウを 教えます～!!

国内ナンバーワン・田中プロの ゴルフ教室

- ●日時：2011年3月19日(土) 午後5時
- ●場所：ローヤルホテル バラルーム
- ●参加費：25000円
- ●参加者：200人
- ●食事・飲みもの：ブッフェ食事と 飲みもの、ワインorビール

※19日までに、電話で よやくして ください。
※スーツを 着て 参加して ください。
　（スーツを 着ないと、ルームに はいれません。）
※田中プロに レッスンを 受けられる 人は 5人だけです。
※子どもは 参加できません。

JLPT(일본어 능력시험) N4 파이널 테스트 ❶

제한 시간 : 40分

もんだい 4 つぎの文章を読んで、質問に答えてください。答えは 1・2・3・4 からいちばんいいものを一つえらんでください。

岡田さんへ

午後3時からJAT会社で会議があるので、そこに行きます。会議は3時から6時までで、終わったらすぐ家に帰ると部長に言っておきました。何かあったらメールお願いします。それと、今日中に部長に渡すレポートがあるのですが、ロッカーに入れたまま、忘れてしまいました。すみませんが、それを部長に渡してくれませんか。かぎはつくえの引き出しにあります。もし部長がいなかったら、つくえの上に置いておいてもかまいません。お願いします。

―田中―

---

1 岡田さんはこの後、何をしなければなりませんか。

1 部長に田中さんのレポートを渡します。
2 田中さんにメールを送ります。
3 田中さんのレポートを引き出しに入れます。
4 ロッカーから出したレポートを田中さんのつくえの上に置いておきます。

日本では一人でご飯を食べる人をよく見かけます。留学生だった私も自然に一人で食べるようになりましたが、初めはまわりの人にどう見られるかが気になって急いで食事をしたものです。でも、どんどんなれてきてまわりの人を気にしないでゆっくり食べられるようになりました。さびしいだろうと思っていたのですが、食べ物の味もよく分かるし、自分の都合のいい時に自由に食べられるし、一緒に食べる人をさがさなくてもいいのでいろいろといいと思いました。

2 一人で食べる時のいいところではないものはどれですか。

1 急いで食べることができます。
2 一緒に食べる友達をさがさなくてもいいです。
3 自分のスケジュールに合わせて食べることができます。
4 食事にしゅうちゅうして味がよく分かります。

公園の入り口に、このお知らせがあります。

公園でバーベキューをするときの注意

♣ バーベキューができる時間は午前10時から午後5時までです。これ以外の時間はバーベキューができません。

♣ 決まった場所以外でのバーベキューはできませんので、ご注意ください。

♣ ごみは全部持って帰ってください。

♣ 予約制でコンロ、テーブル、いすをただで使うことができます。

---

3 本文のないようと合っていないものはどれですか。

1 バーベキューができる時間は決まっています。
2 ごみを公園に捨てることができません。
3 コンロ、テーブル、いすは有料で借りることができます。
4 公園のどこでもバーベキューができることではありません。

私の趣味はプールに行って泳ぐことです。泳いだあとでご飯を食べるととてもおいしいし、夜はぐっすり眠れるし、ダイエットにもいいです。水泳を習う前は、体を使うことだから疲れるのではないかと心配しました。でもやってみたら楽しいし、もっと元気が出ていきいきと生活しています。

4 水泳のいいところではないものはどれですか。

1　泳いでから食べるご飯はおししいです。
2　夜ぐっすり寝られます。
3　ダイエット効果があります。
4　体を使うと心配ごとがなくなります。

もんだい5 つぎの文章を読んで、質問に答えてください。答えは1・2・3・4からいちばんいいものを一つえらんでください。

　ほめられた子供は自分が大切な人だと思い、ポジティブシンキングができるようになります。また、自信を持って意欲的に行動できるようになります。でも、ただほめるだけではこういう結果にはなりません。正しいほめ方があるのです。まずは、ほめるポイントが見つかったら、すぐほめることです。それはあとでほめると子供はよく覚えていないからです。次に、特別なことをしたときだけではなく、毎日のちょっとしたことをほめるといいでしょう。また、いい結果が出た時ではなく、がんばっている過程をほめることです。その他に何か注意する時は先にほめることや、具体的にほめることをすすめます。このようなほめ方をすれば子供がよくなりますが、正しくないほめ方をすれば全く効果がありません。たとえば、結果にフォーカスしたほめ方や、ほめすぎ、他の人と比べながらほめることはぎゃくに子供をだめにします。親のほめ方によって子供はよくも悪くもなりますから、正しいほめ方を心がけてほめるといいでしょう。

5 ほめられた子供はどうなりますか。

1 自分に自信は持てません。
2 やる気があまりありません。
3 自分が大切な人だと思い、人を無視します。
4 自分を信じて行動できます。

6 正しいほめ方ではないものはどれですか。

1 何か注意する時は、必ず注意してからほめます。
2 ほめることができたら、すぐほめます。
3 結果よりプロセスをほめます。
4 小さなこともよくほめます。

7 子供をだめにするほめ方はどれですか。

1 プロセスより結果を重視（じゅうし）してほめます。

2 毎日のちょっとしたことをほめます。

3 自信が持てるようにほめます。

4 よくできたことを具体的にほめます。

8 本文と合っているものは何ですか。

1 子供をほめるのはほとんどいい結果が出ます。

2 正しいほめ方をすれば、子供が悪くはなりません。

3 ほめられた子供はよく自己中心的（じこちゅうしんてき）になります。

4 ほめるだけでも意味（いみ）があるので、どんどんほめたほうがいいです。

もんだい6　次の「外国人スピーチコンテスト」を読んで質問に答えてください。答えは1・2・3・4からいちばんいいものを一つえらんでください。

⑨　「外国人スピーチコンテスト」の目的は何ですか。

1　外国人の日本語能力をアップさせるため
2　外国人文化センターのプログラムを知らせるため
3　日本人と外国人の交流を手伝うため
4　日本に住んでいる外国人を調べるため

⑩　本文の内容と合っていないものはどれですか。

1　スピーチコンテストに出る参加者は申し込みをしなければならない。
2　入場料は不要だが、車で来た時は駐車料金がかかる。
3　スピーチコンテストの参加者全員は賞品がもらえる。
4　日本で暮らしながら感じたことについて自由に発表する。

★ 外国人スピーチコンテスト ★

日本で暮らしている外国人の皆様！

20○○年11月25日(土)、外国人文化センターにて外国人による日本語スピーチコンテストを行います。今回のスピーチコンテストは日本人と外国人の国際交流を深めるためのものです。日本の社会や文化に接して感じたことや日ごろ考えていたことなど、様々なエピソードについて自由にお話ししてください。スピーチのテーマは「日本の生活」になります。みなさんが普段、日本で生活しながら感じた日本のおもしろいところ、自分の国と違って困ったこと、怒ったことなどについて発表してください。たくさんの方々のご参加をお待ちしております。

受付期間	20○○年9月1日(金)〜10月30日(土)まで
場所	外国人文化センター
日時	20○○年11月25日(土)　午後12時〜5時
賞品	一位：日本国内の温泉利用券 二位：ギフトカード(1万円相当) 三位：外国人文化センターのプログラム利用券

※ 入場料は無料で予約も不要です。
※ 車でいらっしゃる場合は駐車料金がかかります。

JLPT(일본어 능력시험) N4 파이널 테스트 ❷

もんだい4 つぎの文章を読んで、質問に答えてください。答えは1・2・3・4からいちばんいいものを一つえらんでください。

　早起きをつらいと感じる人も多いと思いますが、体にはとてもよいことです。早起きのいいところは、「体によい」ことだけではありません。朝は夜と違って部屋の電気をつけずに過ごせるので、電気代の節約にもなります。

　また、喫茶店のモーニングセットやヨガ教室など、「朝だけの安い価格」で楽しめるものもたくさんあるので、家の近くで探してみるといいでしょう。

1　筆者は早起きについて、どう考えていますか。

1　早起きはからだによいだけで、早起きするのはつらいことだ。
2　朝だから安い価格では楽しめないものがたくさんあるのでいやだ。
3　夜と違って電気代がたかいから、節約にならない。
4　早起きは体によいだけでなく、経済的にもいいところがたくさんある。

子どもが中学生や高校生になると、ただ本を読むことが好きなだけでは十分でなくなります。本は好きだが国語の成績はあまりよくないという生徒がいます。それは読んでいる本が小学生のときと同じくらいのもので、やさしすぎるからです。本を読むことが趣味ということもありますから、やさしい本を読むことも悪いことではありませんが、やさしい本しか読めないというのはやはり問題です。

② 本は好きだが国語の成績はあまりよくないのはなぜですか。

1 本は趣味で読むもので、成績とはあまり関係ないことだと思うから
2 中学生や高校生になると、本を読まなくなるから
3 やさしい本ばかり読むと、学校の勉強はしなくなるから
4 本がやさしすぎると、中学校からの国語の勉強にはあまり役に立たないから

七五三（しちごさん）というのは、男の子は３才と５才、女の子は３才と７才の11月15日に、大きくなったことをよろこぶことです。むかしはよくこどもが死んで、７才までは神（かみ）の子と考えられ、社会に出るのは７才を過ぎてからとされていました。だから、子どもが大きくなることをありがたく思うようになったといいます。
　しかし、今では11月15日ではなく、その前後（ぜんご）の土曜日や日曜日・休みの日にすることが多くなりました。

3　本文の内容（ないよう）と合っているものはどれですか。

1　子どもはむかし、３才になってからは神の子と呼（よ）ばれた。
2　日本ではむかし、男の子は６才になると社会に出られた。
3　七五三は今でも、毎年１１月１５日に行われている。
4　七五三は今は、１４日にも１７日にも行うことがある。

会社を始めてから7年がたちますが、子どもたちは、私の仕事がよくわかっていないようです。友だちに聞かれても「う～ん、営業の仕事を…」くらい。

もし、子どもが自分の父親の仕事を説明できなかったら、ちゃんと説明しない親にも責任があります。子どもは親の仕事を通して社会の一面を学びます。そのためにも、子どもでもわかる<u>会社案内</u>を作ってみたらどうでしょうか。子どもにとっては、社会を勉強するいい機会になります。

4　筆者はどうして<u>会社案内を作ってみたら</u>と言っていますか。

1　子どもが親の仕事についてよくわからないのは親の責任だから
2　子どもに親の仕事をちゃんと説明することは難しいことだから
3　子どもに親の仕事を通して社会の一面を学ばせたいと思うから
4　子どもが自分の父親の仕事を説明する機会がたくさんあるから

もんだい5 つぎの文章を読んで、質問に答えてください。答えは1・2・3・4からいちばんいいものを一つえらんでください。

先週、田中さんとコーヒーを飲みながら、友だちの結婚式のことを話しました。その友だちとは小さいときから仲がよかったです。私の家のすぐとなりに住んでいたので、学校に行くときも、いつもいっしょでした。友だちが結婚することはとてもさびしいですが、すてきなウェディングドレスを見ると、私もはやく着てみたくなりました。そのとき、田中さんが「あなたも3年以内には結婚できますよ」と言いながら、①私のかれのことをいろいろ聞きました。

かれとはきょねん友だちの家のパーティーのときに会って、7月で1年になります。私になんども結婚しようと言っていますが、私はどうしようかと考えています。かれのことがきらいではありませんが、まだ父と母にかれのことは何も話していません。

かれはやさしくて背が高く、ハンサムです。だから、私がかれの話をしたら、父と母はびっくりするでしょうが、よろこぶと思います。父と母は私に好きな人がいればはやく結婚しなさいと言っています。友だちの結婚式が終わったら、私の家にかれをつれていくつもりです。

5　友だちのせつめいで、ただしいものはどれですか。

1　友だちは先週結婚しました。
2　友だちのウェディングドレスは、あまりきれいではありませんでした。
3　友だちは結婚する人と３年前に会いました。
4　友だちと私は、子どものときから仲(なか)がいいです。

6　①私のかれはどんな人ですか。

1　かれはしんせつで、ハンサムな人です。
2　かれはわたしの両親(りょうしん)にはよわい人です。
3　かれは背(せ)が高いので、両親(りょうしん)もびっくりしています。
4　かれはハンサムな人ですが、お金はあまりないです。

[7] わたしはこれから、何をしようと思っていますか。

1 結婚はしたくないが、ウェディングドレスは着てみたいと思っています。
2 かれが結婚したいというので、はやくしようと思っています。
3 両親(りょうしん)は結婚に反対ですが、わたしは今年中にしたいと思っています。
4 友だちの結婚式(けっこんしき)のあと、かれといっしょに家に行こうと思っています。

[8] 本文のないようと合っているものはどれですか。

1 わたしが結婚すると、父と母はさびしくなると思います。
2 両親(りょうしん)に、結婚したい人がいると言ったらおどろくと思います。
3 かれを家につれていくので、3年後(ご)には結婚すると思います。
4 友だちが結婚するので、わたしもはやく結婚したくなりました。

もんだい6 つぎの2011年3月の「コ・ス・ピ長崎トーナメントスケジュール」を見て、質問に答えてください。答えは1・2・3・4からいちばんいいものを一つえらんでください。

⑨ 初級男子Dに1組と、初級女子Sに2人がに出ます。参加費はいくらになりますか。

1　14700円
2　14650円
3　13700円
4　13650円

⑩ テニストーナメントスケジュールの内容と、合っているものはどれですか。

1　中級のコーチをしたことがあって、テニス歴が8年の人は参加できます。
2　テニス歴がなければ、オープンのときは参加できません。
3　FAXがなければ、電話でも受け付けできます。
4　雨のときでも大会はおこないます。

2011年 コ・ス・ピ長崎トーナメント スケジュール(3月)

日時	種目	募集人数	参加費	集まる時間	始まる時間
5日(土)	初級男子S	20名	4200円	15:30～15:50	16:00
5日(土)	初級女子S	16名	4200円	15:30～15:50	16:00
12日(土)	中級男子D	16組	5250円	15:30～15:50	16:00
12日(土)	初級女子D	20組	5250円	15:30～15:50	16:00
26日(土)	初級ミックスD	20組	4200円	16:30～16:50	17:00
26日(土)	中級ミックスD	12組	4200円	16:30～16:50	17:00
27日(日)	初級男子D	20組	5250円	16:30～16:50	17:00
27日(日)	初級女子S	16組	4200円	16:30～16:50	17:00

(対象) 初級…テニス歴5年までの人
中級…テニス歴10年までの人

※ コーチをした人、全日本選手をした人は参加できません。
※ オープン…どなたも参加できます。

(申込受付) 2ヶ月前より
(申込方法) 電話またはFAX (*参加者名、電話番号、クラブ名を書いてください。)
参加費は当日に払ってください。
申込後はキャンセルできません。(*参加者は変えてもいいです。)
雨のとき大会があるかどうかお電話ください。
(*試合1時間前まで雨だと中止になります。)

JLPT(일본어 능력시험) N5 파이널 테스트 정답 및 해설

N5 파이널 테스트 1회

1. ① 2. ② 3. ④ 4. ④ 5. ③ 6. ③

문제4 내용 이해-단문

지문 해석

― 알림 ―

어제 오전부터 1층 화장실 물이 나오지 않아서 공사를 하고 있습니다. 고치는 데에 일주일 정도 걸릴 것 같습니다. 그러므로 1층 학생들은 화장실을 고칠 때까지 2, 3층 화장실을 사용해 주세요.

단어

お知らせ 알림, 공지 | ごぜん 오전 | 1階 1층 | 出る 나오다 | ~のに ~하는 데에 | 工事 공사 | なおす 고치다, 수리하다 | ~くらい ~정도 | かかる 걸리다, 소요되다 | ですから 그러니까 | 生徒 학생 | ~たち ~들 | 使う 사용하다 | ただしい 옳다 | こわれる 고장 나다, 망가지다 | ~の あいだ ~동안 | すべて 모두

문제 해설

1　옳은 설명은 무엇입니까?
1　1층 화장실이 망가졌습니다.
2　1층 학생들은 일주일 동안 화장실을 사용할 수 없습니다.
3　1층부터 3층까지 모든 화장실의 물이 나오지 않습니다.
4　1층 화장실을 사용할 수 없는 것은 2, 3일 정도입니다.

해설 2번, 1층 화장실을 고치는 데에 일주일이 걸리지만 2, 3층 화장실을 사용하면 되기 때문에 틀린 설명이다. 3번, 물이 나오지 않는 화장실은 1층뿐이며 4번, 수리 기간은 일주일 정도라고 했으므로 오답이다.

2

지문 해석

　내일 스케줄을 알려 드리겠습니다. 내일은 여러분이 아주 좋아하는 디즈니랜드에 갑니다. 호텔에서 10시에 출발하니 8시 30분까지 로비로 모여 주세요. 버스 타기 전에 아침을 먹을 겁니다. 먹고 싶지 않은 사람은 방에 있어도 되지만 9시 30분까지는 로비로 와 주세요.

단어

スケジュール 스케줄 | 伝(つた)える 전하다 | 大好(だいす)きな 아주 좋아하는 | 出発(しゅっぱつ) 출발 | ロビー 로비 | あつまる 모이다 | 朝(あさ)ごはん 아침(밥) | ～たく ない ～하고 싶지 않다 | 部屋(へや) 방 | ～ても いいです ～해도 됩니다 | ～なければ なりません ～해야 합니다 | 待(ま)つ 기다리다

문제 해설

> 2　아침을 먹고 싶지 않은 사람은 어떻게 해야 합니까?
> 1　10시까지 방에 있습니다.
> **2　9시 30분까지 로비로 모입니다.**
> 3　9시 30분까지 버스에 탑니다.
> 4　8시 30분부터 9시 30분까지 로비에서 기다립니다.

해설 본문 셋째 줄 [食べたく ない 人は 部屋に いても いいですが、9時30分までには ロビーに 来て ください] 부분을 보면 2번이 정답임을 알 수 있다.

3

지문 해석

　일본에서는 여름이 되면 여기저기서 옥토버 페스트를 합니다. 독일의 맛있는 맥주와 음식을 먹을 수 있습니다. 또 독일 음악 밴드도 오기 때문에 정말 즐겁습니다. 맥주는 조금 비싸지만 여러 가지 맥주가 있어서 너무 좋습니다.

단어

日本(にほん) 일본 | 夏(なつ) 여름 | ～に なる ～이/가 되다 | あちらこちら 여기저기 | オクトーバーフェスト 옥토버 페스트(독일 맥주 페스티벌) | ドイツ 독일 | おいしい 맛있다 | ビール 맥주

食べ物 음식 | 食べる 먹다 | ~ことが できる ~할 수 있다 | また 또 | 音楽バンド 음악 밴드 | 来る 오다 | ほんとうに 정말로 | 楽しい 즐겁다 | 少し 조금 | 高い 비싸다 | いろいろな 여러 가지 | とても 아주, 매우 | 飲む 마시다 | 聞く 듣다 | 料理 요리 | 安く 싸게

문제 해설

3 '옥토버 페스트'에 대해서 옳지 않은 것은 무엇입니까?
1 독일 맥주를 많이 마실 수 있습니다.
2 독일 음악을 들을 수 있습니다.
3 여름에 여러 곳에서 합니다.
4 독일 요리를 싸게 먹을 수 있습니다.

해설 독일 요리를 먹을 수 있다는 내용은 있으나 가격에 대한 언급은 없으므로 4번이 정답이다.

문제5 내용 이해-중문

지문 해석

저는 한국인인데 일본에서 유학을 하고 있습니다. 저는 아직 일본어를 잘 못해서 친구 이야기를 조금밖에 이해하지 못합니다. 하지만 저보다 먼저 일본에 온 외국인 친구나 일본인 친구가 여러모로 도와줍니다. 하루는 저와 일본인 친구, 미국인 친구, 영국인 친구 넷이서 술을 마셨습니다. 술을 마시면서 여러 이야기를 하기도 하고 게임을 하기도 했습니다. 술을 마시고 나서 일본인 친구가 라면을 먹으러 가자고 했습니다. 그러자 미국인 친구는 술 마신 후에는 피자를 먹자고 했습니다. 영국인 친구는 케밥으로 하자고 했습니다. 한국에서는 술 마신 후에 해장국을 먹습니다. 나라에 따라 술 마신 후에 먹는 것이 달라서 재미있었습니다.

단어

韓国人 한국인 | 日本 일본 | 留学 유학 | 日本語 일본어 | 友達 친구 | はなし 이야기 | ちょっと 조금 | ~しか ~밖에 | 先に 먼저 | 来る 오다 | 外国人 외국 | いろいろ 여러 가지, 이것저것 | 手伝う 돕다 | ある日 어느 날 | 日本人 일본인 | アメリカ人 미국인 | イギリス人 영국인 | お酒 술 | 飲む 마시다 | ~ながら ~하면서 | 話す 이야기하다

ゲームを する 게임을 하다 | 食べに 行く 먹으러 가다 | すると 그러자 | 後は 후에는 | ピザ 피자 | ケバブ 케밥 | ヘジャンク 해장국 | 国に よって 나라에 따라 | ちがう 다르다 | おもしろい 재미있다 | せつめい 설명 | ただしい 옳다 | 好きだ 좋아하다 | 遊ぶ 놀다 | あまり 별로 | 上手だ 잘하다 | みんな 모두 | めんどうくさい 귀찮다

> **문제 해설**

4 이 사람의 설명으로 옳은 것은 무엇입니까?
1 한국인이고 일본 라면을 아주 좋아합니다.
2 한국인이고 외국인 친구와 노는 것을 좋아합니다.
3 한국인이고 술을 마시는 것을 매우 좋아합니다.
4 한국인이고 아직 일본어를 잘하지 못합니다.

> **해설** 앞 부분에서 일본에서 유학을 하고 있는 한국인이고 아직 일본어를 잘 못해서 친구 이야기를 조금 밖에 이해하지 못한다고 했으므로 정답은 4번이 된다.

5 이 사람이 가장 말하고 싶은 것은 무엇입니까?
1 외국인과 술을 마시면 모두 좋아하는 것이 달라서 귀찮습니다.
2 일본에서 유학을 하고 있는 외국인은 라면을 좋아합니다.
3 술을 마시고 나서 먹는 것이 나라에 따라 달라서 재미있습니다.
4 일본인과 술을 마시면 일본어가 능숙해집니다.

> **해설** 술을 마신 후에 일본인은 라면, 미국인은 피자, 영국인은 케밥, 한국인은 해장국을 먹는다고 이야기하면서 나라에 따라 술 마신 후에 먹는 음식이 달라서 재미있다고 했으므로 정답은 3번이 된다.

문제6 정보 검색

> **문제 해설**

다음 페이지는 '아르바이트 모집 안내'입니다. 글을 읽고 질문에 답하시오. 답은 1·2·3·4에서 가장 적당한 것을 하나 고르시오.

중국인인 리 씨는 수업 후 아르바이트를 하려고 합니다. 화, 목요일은 수업이 끝나고 나서 축구 연습이 있기 때문에 거의 7시에 집에 돌아옵니다. 수업은 월요일부터 금요일까지 매일 4시에 끝납니다. 주말은 느긋하게 쉬고 싶기 때문에 일하고 싶지 않다고 합니다.

6 리 씨가 할 수 있는 아르바이트는 무엇입니까?

1 아사히 슈퍼
2 야마다 호텔
3 이자카야 '하야시'
4 PIZZA HOUSE

해설 1번, 주말은 느긋하게 쉬고 싶다고 했고, 2번, 리 씨는 호텔에서 일한 경험이 없고, 4번, 화, 목요일은 축구 연습 때문에 7시에 끝나므로 15시부터 일할 수 없다. 그러므로 3번이 정답이 된다.

단어

アルバイト 아르바이트 | 募集(ぼしゅう) 모집 | あんない 안내 | 中国人(ちゅうごくじん) 중국인 | じゅぎょう 수업 | ~あと ~후 | ~と 思(おも)う ~라고 생각하다 | ~てから ~하고 나서 | サッカー 축구 | れんしゅう 연습 | たいてい 거의, 주로 | 帰(かえ)る 돌아가다, 돌아오다 | いつも 항상 | 終(お)わる 끝나다 | 週末(しゅうまつ) 주말 | ゆっくり 천천히, 느긋하게 | 働(はたら)く 일하다 | 言(い)う 말하다 | できる 가능하다 | 時間(じかん) 시간 | ~回(かい) ~회 | 時給(じきゅう) 시급 | そうじ 청소 | 明(あか)るい 밝다 | 元気(げんき)だ 건강하다 | ~なら ~라면 | 料理(りょうり) 요리 | キッチン 주방 | ちょうり 조리

지문 해석

토, 일요일도 일할 수 있는 사람

시간 : 17시~22시(주 4회)
시급 : 980엔
우선은 전화 주세요.

아사히 슈퍼 (☎)0120-716-776

호텔에서 일해 본 적이 있는 사람

시간 : 20시~23시(주 3회)
시급 : 1,100엔
업무 : 청소·안내

야마다 호텔

우리랑 즐겁게 일하지 않을래요?

밝고 건강한 사람이라면 OK!
시간 : 18시~22시(주 2회)
시급 : 950엔

이자카야 '하야시'

요리 좋아하는 사람~

업무 : 주방·조리
시간 : 15시~20시(주 4회)
시급 : 1,000엔

PIZZA HOUSE (☎)0130-123-4567

N5 파이널 테스트 2회

| 1. ④ | 2. ③ | 3. ④ | 4. ① | 5. ② | 6. ③ |

문제4 내용 이해-단문

1

지문 해석

레이코 : 다나카 씨. 근처에 우체국은 없습니까?
다나카 : 저도 잘 모르겠어요. 저기 파출소가 있으니 거기서 물어보면 어떨까요?
레이코 : 아. 고맙습니다.

단어

近く 근처 | ゆうびんきょく 우체국 | わかる 알다 | あそこ 저기, 저곳 | こうばん 파출소 | そこで 거기서 | きく 묻다, 듣다 | ~てみる ~해 보다 | ~たら ~하면 | どうも 정말, 대단히 | どこにも 어디에도 | ほかのひと 다른 사람 | これから 이제부터

문제 해설

1 올바른 것은 어느 것입니까?

1 우체국은 어디에도 없었습니다.
2 레이코 씨는 다른 사람에게 묻습니다.
3 우체국은 파출소 근처에 있습니다.
4 레이코 씨는 이제 파출소로 갑니다.

해설 선택지 1~3번은 대화문을 통해 알 수 없다. 다나카 씨가 파출소가 있으니 거기서 물어보면 어떠냐고 했으니 레이코 씨가 파출소로 갈 것이라는 사실을 유추할 수 있다. 답은 4번이 된다.

2

> **지문 해석**

내가 사는 아파트는 낡고 작은 방이 하나뿐입니다. 그러나 역에서 5분 걸립니다.
슈퍼마켓도 근처에 있습니다. 은행도 우체국도 아파트 근처에 있습니다. 매우 편리합니다.

> **단어**

アパート 아파트 | 古(ふる)い 낡다, 오래되다 | 小(ちい)さい 작다 | 部屋(へや) 방 | 1つ(ひと) 하나, 한 개 | ～だけ ～만, ～뿐 | えき 역 | ～から ～로부터 | スーパーマーケット 슈퍼마켓 | 近(ちか)く 근처 | ぎんこう 은행 | ゆうびんきょく 우체국 | ～も～も ～도 ～도 | べんりだ 편리하다 | ひろい 넓다 | きれいだ 깨끗하다 | しずかだ 조용하다 | おおい 많다

> **문제 해설**

2 어떤 아파트입니까?
1 넓고 깨끗한 아파트입니다.
2 작지만 조용한 아파트입니다.
3 낡았지만 편리한 아파트입니다.
4 방이 많은 아파트입니다.

[해설] 본문에는 낡고 작은 방이 한 개뿐이지만, 역에서 가깝고 슈퍼마켓, 은행, 우체국 등이 가까워서 편리하다고 했으니 답은 3번이 된다.

3

> **지문 해석**

오늘은 다나카 군의 생일이었습니다. 다나카 군은 스즈키 씨에게 선물로 손수건을 받았습니다. 다나카 군은 스즈키 씨가 돌아가자 그 손수건을 나에게 주었습니다. 비슷한 손수건을 어제 받았기 때문입니다.

> **단어**

たんじょうび 생일 | プレゼント 선물 | ハンカチ 손수건 | ～から/に もらう ～에게서 받다 | くれる (남이 나에게) 주다 | 同(おな)じ 같음 | ～ような ～같은 | きのう 어제 | ～からだ ～때문이다 | 2まい 두 장 | あげる (내가 남에게) 주다 | うれしい 기쁘다

> 문제 해설

3 이 글의 내용에 맞는 것은 어느 것입니까?
1 스즈키 씨는 다나카 군에게 손수건을 두 장 주었습니다.
2 다나카 군은 손수건을 받고 매우 기뻤습니다.
3 나는 손수건을 받고 매우 기뻤습니다.
4 다나카 군은 선물로 손수건을 두 장 받았습니다.

[해설] 다나카 군은 생일 선물로 스즈키 씨에게 손수건을 받았으나, 어제도 비슷한 손수건을 선물로 받았다고 했으니 받은 손수건은 총 두 장, 따라서 답은 4번이 된다.

문제5 내용 이해-중문

> 지문 해석

아침부터 계속 머리가 아파서 병원에 갔습니다. 여러 가지 검사를 한 후 의사 선생님이 "몸에 안 좋은 곳은 없는 것 같습니다."라고 말씀하셔서 안심했습니다.

그러나 의사 선생님은 "몸에는 안 좋은 곳이 없어도 눈에 안 좋은 곳이 있으면 머리가 아픈 경우도 있으니 눈을 검사해 봅시다."라고 하셨습니다. 눈의 어디가 나쁜지 검사한 후 집으로 돌아왔습니다.

지금도 역시 머리가 아픕니다. 요즘 책을 너무 많이 읽어서 눈이 피로한지도 모르겠습니다.

> 단어

あさ 아침 | ずっと 계속, 쭉 | あたまが いたい 머리가 아프다 | びょういん 병원 | いろいろ 여러 가지 | しらべる 조사하다, 검사하다 | ~てから ~하고 나서 | お医者さん 의사 선생님 | からだ 몸 | わるい 나쁘다 | ところ 곳, 부분 | ~と 言う ~라고 (말)하다 | ~ので ~때문에 | 安心する 안심하다 | しかし 그러나 | ~ても ~해도 | ~と ~하면 | ~くなる ~해지다 | ばあい 경우 | ~てみましょう ~해 봅시다 | ~か ~인지 | ~た あと ~한 후에 | 家に かえる 집에 돌아가다 | やっぱり 역시 〈やはり의 강조〉 | このごろ 요즘 | 本を 読む 책을 읽다 | ~すぎる 너무 ~하다 | 目が つかれる 눈이 피로하다 | ~かもしれない ~지도 모르다 | どうして 왜 | おもい 무겁다 | つかれる 피곤하다 | ~ない ほうが いい ~하지 않는 편이 좋다

> 문제 해설

4 이 사람은 왜 병원에 갔습니까?

1 머리가 아팠기 때문입니다.
2 머리가 무거웠기 때문입니다.
3 눈이 피로했기 때문입니다.
4 눈이 아팠기 때문입니다.

> 해설 첫 문장 [あさから ずっと あたまが いたくて、びょういんへ 行きました]에서 1번임을 알 수 있다.

5 본문의 설명으로 올바른 것은 어느 것입니까?

1 의사 선생님은 나에게 머리가 나쁘다고 말했습니다.
2 의사 선생님은 나에게 눈에 안 좋은 곳이 있을지도 모른다고 말했습니다.
3 의사 선생님은 나에게 몸에 안 좋은 곳이 있다고 말했습니다.
4 의사 선생님은 나에게 책을 읽지 않는 편이 좋다고 말했습니다.

> 해설 첫 번째 단락의 [いろいろ しらべてから、お医者さんが ～目の ところを しらべて みましょうと 言いました] 라는 부분에서 의사 선생님이 몸에는 안 좋은 곳이 없는 것 같으나 눈에 안 좋은 곳이 있으면 머리가 아플 수도 있다고 했으므로 답이 2번임을 알 수 있다.

문제6 정보 검색

> 문제 해설

다음 페이지는 '다나카 프로의 골프 교실'입니다. 다음의 글을 읽고, 질문에 답하시오. 답은 1·2·3·4에서 가장 적당한 것을 하나 고르시오.

야마다 씨는 3개월 전부터 골프를 시작했습니다. 처음에는 그다지 재미있지 않았지만, 지금은 잠들기 전에도 머릿속은 골프로 가득합니다. 좀 더 골프를 잘하고 싶습니다. 오늘 아침 신문에서 유명한 다나카 프로에게 레슨을 받는 '다나카 프로의 골프 교실' 안내를 보고, 이 교실에 가고 싶다고 생각했습니다.

6 야마다 씨는 '다나카 프로의 골프 교실'에 참가하고 싶습니다. 야마다 씨는 이제 어떻게 하면 됩니까?

1　19일 아침, 25,000엔을 가지고 호텔에 가서 이야기합니다.
2　19일 오후 5시에, 운동복을 입고 '골프 교실'에 갑니다.
3　19일 아침, 전화로 예약합니다.
4　19일 오후 5시에, 와인을 들고 갑니다.

㈜운동복 : 운동할 때 입는 옷을 말함

> **해설**　참가를 희망하는 사람은 행사 당일까지 전화로 예약하면 된다. 따라서 정답은 3번이다.

단어

プロ 프로 ｜ ゴルフ 골프 ｜ 教室(きょうしつ) 교실 ｜ 始(はじ)める 시작하다 ｜ はじめ 처음 ｜ あまり~ない 그다지 ~하지 않다 ｜ 楽(たの)しい 즐겁다, 재미있다 ｜ ねる 자다 ｜ 前(まえ) 전 ｜ いっぱいだ 가득하다 ｜ もっと 더욱 ｜ じょうず 잘함, 능숙함 ｜ なりたい 되고 싶다 ｜ けさ 오늘 아침 ｜ 新聞(しんぶん) 신문 ｜ ゆうめいだ 유명하다 ｜ レッスンを受(う)ける 레슨을 받다 ｜ 案内(あんない) 안내 ｜ ~と思(おも)う ~라고 생각하다 ｜ 持(も)つ 가지다, 들다 ｜ 参加(さんか)する 참가하다 ｜ これから 이제부터, 앞으로 ｜ 運動着(うんどうぎ) 운동복 ｜ 着(き)る 입다 ｜ 予約(よやく)する 예약하다 ｜ ワイン 와인 ｜ 服(ふく) 옷

지문 해석

다나카 프로에게 배우는 숏 게임 연습~!! 프로의 노하우를 가르쳐 드립니다~!!

국내 넘버원・다나카 프로의 골프 교실

- 일시 : 2011년 3월 19일(토) 오후 5시
- 장소 : 로얄 호텔 장미룸
- 참가비 : 25,000엔
- 참가자 : 200명
- 식사・음료 : 뷔페 식사와 음료, 와인 또는 맥주

※ 19일까지 전화로 예약해 주십시오.
※ 양복을 입고 참가해 주십시오.
　(양복을 입지 않으면 룸에 들어갈 수 없습니다.)
※ 다나카 프로에게 레슨을 받을 수 있는 사람은 5명뿐입니다.
※ 어린이는 참가할 수 없습니다.

JLPT(일본어 능력시험) N4 파이널 테스트 정답 및 해설

N4 파이널 테스트 1회

1. ①　2. ①　3. ③　4. ④　5. ④　6. ①　7. ①　8. ②　9. ③　10. ③

문제4 내용 이해-단문

1

지문 해석

> 오카다 씨에게
>
> 　오후 3시부터 JAT회사에서 회의가 있어 그곳에 갑니다. 회의는 3시부터 6시까지이고 끝나면 바로 퇴근하겠다고 부장님께 말해 두었습니다. 무슨 일 있으면 메일 주세요. 그리고 오늘 중으로 부장님께 전달할 보고서가 있는데 로커에 넣어 두고 잊고 있었어요. 죄송하지만 그것을 부장님께 전달해 주시지 않겠습니까? 열쇠는 책상 서랍에 있습니다. 만약 부장님이 안 계시면 책상 위에 올려 두어도 상관없습니다. 부탁드립니다
>
> 　　　　　　　　　　　　　　　　　　　　　　　　　　　　　　　　다나카

단어

会議 회의 | 部長 부장 | それと 그리고 | 今日中に 오늘 중으로 | 渡す 전하다, 건네다 | ロッカー 로커 | 入れたまま 넣어 둔 채 | 忘れる 잊다, 깜박하다 | かぎ 열쇠 | 引き出し 서랍 | もし 만일, 만약 | 置いておく 놓아두다 | ~てもかまいません ~해도 상관없습니다

문제 해설

1 오카다 씨는 이 이후 무엇을 해야 합니까?

1　부장님께 다나카 씨의 보고서를 전달합니다.
2　다나카 씨에게 메일을 보냅니다.
3　다나카 씨의 보고서를 서랍에 넣습니다.
4　로커에서 꺼낸 보고서를 다나카 씨의 책상 위에 올려 둡니다.

해설 본문 셋째 줄 끝 [それと、今日中に部長に渡すレポートがあるのですが～それを部長に渡してくれませんか] 부분을 보면 1번이 정답임을 알 수 있다. 2번, 무슨 일이 있으면 메일 보내라고 했고, 3번과 4번, 로커에서 꺼낸 보고서는 부장님 책상 위에 두라고 했으므로 오답이다.

2

지문 해석

　일본에서는 혼자 밥을 먹는 사람을 자주 봅니다. 유학생이었던 저도 자연스럽게 혼자 밥을 먹게 되었는데 처음에는 주위 사람에게 어떻게 보일지 신경 쓰여서 서둘러 식사를 하곤 했습니다. 하지만 점점 익숙해져서 주위 사람들을 신경 쓰지 않고 느긋하게 먹을 수 있게 되었습니다. 쓸쓸할 줄 알았는데 음식 맛도 잘 알 수 있고 자신의 사정이 좋을 때 자유롭게 먹을 수 있고 같이 먹을 사람을 구하지 않아도 되기 때문에 여러모로 좋다고 생각했습니다.

단어

見かける 눈에 띄다 | 留学生 유학생 | 自然に 자연스럽게 | 初め 처음 | まわり 주위 | 気になる 신경 쓰이다 | 急ぐ 서두르다 | 食事 식사 | どんどん 점점 | なれる 익숙해지다 | 気にする 신경 쓰다 | ゆっくり 천천히, 느긋하게 | さびしい 외롭다, 쓸쓸하다 | 味 맛 | 都合 사정, 형편 | 自由に 자유롭게 | さがす 찾다 | 合わせる 맞추다 | しゅうちゅう 집중

문제 해설

2　혼자 먹을 때의 좋은 점이 아닌 것은 무엇입니까?
1　서둘러 먹을 수 있습니다.
2　같이 먹을 친구를 찾지 않아도 됩니다.
3　자신의 스케줄에 맞춰 먹을 수 있습니다.
4　식사에 집중해서 맛을 잘 알 수 있습니다.

해설 본문 다섯째 줄 [さびしいだろうと思っていたのですが～いろいろといいと思いました] 부분에 혼자 먹을 때의 장점이 나와 있다. 음식 맛을 잘 알 수 있고 자신의 상황에 따라 자유롭게 먹을 수 있으며 같이 먹을 친구를 구하지 않아도 된다고 하였으므로 2, 3, 4번은 옳은 설명이다.

3

> **지문 해석**

공원 입구에 이 공지가 있습니다.

공원에서 바비큐를 할 때 주의 사항

♧ 바비큐를 할 수 있는 시간은 오전 10시부터 오후 5시까지입니다. 그 이외의 시간은 바비큐를 할 수 없습니다.
♧ 정해진 장소 이외에서의 바비큐는 불가능하오니 주의해 주십시오.
♧ 쓰레기는 전부 가지고 돌아가 주십시오.
♧ 예약제이고 화로, 테이블, 의자를 무료로 사용할 수 있습니다.

> **단어**

公園 공원 | 入り口 입구 | お知らせ 공지, 알림 | 注意 주의 | 午前 오전 | 午後 오후 | 決まる 정해지다 | 場所 장소 | ごみ 쓰레기 | 全部 전부 | 持って帰る 가지고 돌아가다 | 予約制 예약제 | ただ 무료 | 使う 사용하다 | 捨てる 버리다 | 有料 유료 | 借りる 빌리다

> **문제 해설**

3 본문의 내용과 일치하지 않는 것은 무엇입니까?
1 바비큐를 할 수 있는 시간은 정해져 있습니다.
2 쓰레기는 공원에 버릴 수 없습니다.
3 화로, 테이블, 의자는 유료로 빌릴 수 있습니다.
4 공원 아무데서나 바비큐를 할 수 있는 것은 아닙니다.

해설 주의 사항 마지막 부분에 화로, 테이블, 의자는 무료로 사용할 수 있다고 했으므로 3번이 정답이다.

4

> 지문 해석

　저의 취미는 수영장에 가서 수영하는 것입니다. 수영을 한 후에 밥을 먹으면 너무 맛있고, 밤에는 푹 잘 수 있고 다이어트에도 좋습니다. 수영을 배우기 전에는 몸을 쓰는 것이니까 피곤하지 않을까 걱정했습니다. 하지만 해 보니 즐겁고 더 기운이 생겨서 활기차게 생활하고 있습니다.

> 단어

趣味 취미 | **泳ぐ** 헤엄치다 | **ぐっすり** 푹 | **眠れる** 잠들 수 있다 | **水泳** 수영 | **習う** 배우다 | **体を使う** 몸을 쓰다 | **疲れる** 피곤하다 | **心配** 걱정 | **元気が出る** 기운이 나다 | **いきいきと** 활기차게 | **生活する** 생활하다 | **効果** 효과

> 문제 해설

4　수영의 장점이 아닌 것은 무엇입니까?
1　수영한 후에 먹는 밥은 맛있습니다.
2　밤에 푹 잘 수 있습니다.
3　다이어트 효과가 있습니다.
4　몸을 사용하면 걱정거리가 없어집니다.

해설 필자는 수영을 배우기 전에는 몸을 쓰면 피곤해지지 않을까 걱정했는데 실제로 해 보니 더 기운이 난다고 했으므로 걱정거리가 없어진다는 내용과는 무관하다. 그러므로 정답은 4번이 된다.

문제5 내용 이해-중문

> 지문 해석

　칭찬받은 아이는 자신이 소중한 사람이라 생각하고 긍정적 사고를 할 수 있게 됩니다. 또한 자신감을 갖고 의욕적으로 행동할 수 있게 됩니다. 하지만 단지 칭찬하는 것만으로는 이러한 결과가 되지 않습니다. 올바른 칭찬 방법이 있는 것입니다. 우선 칭찬할 포인트를 발견하면 바로 칭찬해 주는 것입니다. 그것은 나중에 칭찬해 주면 아이는 잘 기억하고 있지 않기 때문입니다. 다음으로 특별한 일을 했을 때뿐만 아니라 매일 사소한 것을 칭찬해 주면 좋겠죠. 또한 좋은 결과가 나왔을 때가 아니라 열심히 하고 있는 과정을 칭찬해 주는 것입니다. 그 밖에 무언가 주의를 줄 때 먼저 칭찬해 주는 것이나 구체적으로 칭찬해 줄 것을 권합니다. 이러한 칭찬 방법을 따른다면 아이가 좋은 방향으로 나아가지만 잘못된 칭찬 방법은

전혀 효과가 없습니다. 예를 들면 결과에 포커스를 맞춘 칭찬 방법이나 지나친 칭찬, 다른 사람과 비교하며 칭찬하는 것은 반대로 아이를 망칩니다. 부모의 칭찬 방법에 따라서 아이가 좋아지기도 나빠지기도 하기 때문에 올바른 칭찬 방법을 유념하며 칭찬해 주면 좋겠죠.

단어

ほめる 칭찬하다 | 大切(たいせつ)だ 소중하다, 중요하다 | ポジティブシンキング 긍정적 사고 | 自信(じしん) 자신(감) | 意欲的(いよくてき) 의욕적 | 行動(こうどう) 행동 | ただ 단, 단지 | 結果(けっか) 결과 | 正(ただ)しい 올바르다 | 見(み)つかる 발견되다 | 覚(おぼ)える 외우다, 기억하다 | 次(つぎ) 다음 | 特別(とくべつ) 특별 | ちょっとした 사소한 | がんばる 노력하다, 열심히 하다 | 過程(かてい) 과정 | その他(ほか) 그 밖 | 注意(ちゅうい)する 주의를 주다 | 具体的(ぐたいてき) 구체적 | すすめる 추천하다 | ほめ方(かた) 칭찬 방법 | 全(まった)く 전혀 | 効果(こうか) 효과 | たとえば 예를 들면 | フォーカス 포커스 | ほめすぎ 지나치게 칭찬함 | 比(くら)べる 비교하다 | ぎゃくに 반대로, 역으로 | だめにする 망치다 | 親(おや) 부모 | ~によって ~로 인해 | 心(こころ)がける 유념하다 | やる気(き) 의욕 | 無視(むし) 무시 | 信(しん)じる 믿다 | プロセス 과정 | 重視(じゅうし) 중시 | 自己中心的(じこちゅうしんてき) 자기중심적 | 意味(いみ) 의미

문제 해설

5 칭찬받은 아이는 어떻게 됩니까?

1 자신에게 자신감을 갖지 못합니다.
2 의욕이 그다지 없습니다.
3 자신이 소중한 사람이라고 생각해 다른 사람을 무시합니다.
4 자신을 믿고 행동할 수 있습니다.

해설 본문 첫째 줄 [ほめられた子供は自分が大切だと思い、~意欲的に行動できるようになります] 부분을 보면 4번이 정답임을 알 수 있다.

6 올바른 칭찬 방법이 아닌 것은 무엇입니까?

1 무언가 주의를 줄 때는 반드시 주의를 주고 나서 칭찬합니다.
2 칭찬할 일이 생겼다면 바로 칭찬해 줍니다.
3 결과보다 과정을 칭찬해 줍니다.
4 사소한 일에도 자주 칭찬해 줍니다.

해설 올바른 칭찬 방법은 넷째 줄 [正しいほめ方があるのです]부터 열째 줄 [具体的にほめることをすすめます]에 나온다. 2, 3, 4번은 모두 올바른 칭찬 방법에 해당하며, 1번, 주의를 주기 전에 칭찬하라고 했으므로 틀린 내용이다.

7 아이를 망치는 칭찬 방법은 어느 것입니까?
1 과정보다 결과를 중시해서 칭찬합니다.
2 매일 사소한 것을 칭찬합니다.
3 자신감을 가질 수 있도록 칭찬합니다.
4 잘한 것을 구체적으로 칭찬합니다.

해설 옳지 않은 칭찬 방법은 밑에서 다섯째 줄 [たとえば、結果にフォーカスしたほめ方や~ぎゃくに子供をだめにします] 부분에 나와 있다. 결과에 포커스를 둔 칭찬 방법이나 지나친 칭찬, 다른 사람과 비교하며 칭찬하는 것은 역효과를 불러온다고 하였으므로 1번이 정답이 된다. 2, 3, 4번은 필자가 추천하는 올바른 칭찬 방법이다.

8 본문과 일치하는 것은 무엇입니까?
1 아이를 칭찬하는 것은 대부분 좋은 결과가 나옵니다.
2 올바른 칭찬 방법을 따른다면 아이가 나빠지지는 않습니다.
3 칭찬받은 아이는 곧잘 자기중심적이 됩니다.
4 칭찬하는 것만으로도 의미가 있기 때문에 자꾸자꾸 칭찬해 주는 편이 좋습니다.

해설 본문 셋째 줄 [でも、ただほめるだけではこういう結果にはなりません] 부분을 보면 칭찬하는 것만으로는 이런 결과가 되지 않는다고 했으므로 1번과 4번이 오답임을 알 수 있고, 3번과 같은 내용은 본문에 나오지 않으므로 2번이 정답이 된다.

문제6 정보 검색

> 문제 해설

다음 '외국인 말하기 대회'를 읽고 질문에 답하시오. 답은 1·2·3·4에서 가장 적당한 것을 하나 고르시오.

9   '외국인 말하기 대회'의 목적은 무엇입니까?
1   외국인의 일본어 능력을 향상시키기 위해서
2   외국인 문화 센터의 프로그램을 알리기 위해
3   일본인과 외국인의 교류를 돕기 위해
4   일본에 살고 있는 외국인을 조사하기 위해

> 해설 셋째 줄 [今回のスピーチコンテストは〜深めるためのものです]를 보면 3번이 정답이다.

10   본문의 내용과 일치하지 않는 것은 무엇입니까?
1   말하기 대회에 나오는 참가자는 신청을 해야 한다.
2   입장료는 불필요하지만 차로 온 경우는 주차 요금이 든다.
3   말하기 대회의 참가자 전원은 상품을 받을 수 있다.
4   일본에서 살면서 느낀 것에 대해서 자유롭게 발표한다.

> 해설 상품을 받을 수 있는 사람은 1위부터 3위까지이므로 참가자 전원에게 주어지는 것은 아니다. 그러므로 정답은 3번이 된다.

> 단어

外国人 외국인 | スピーチコンテスト 말하기 대회 | 目的 목적 | 日本語能力 일본어 능력 | 文化センター 문화 센터 | 交流 교류 | 手伝う 돕다 | 住む 살다 | 調べる 조사하다 | 参加者 참가자 | 申し込み 신청 | 入場料 입장료 | 不要 불필요 | 駐車料金 주차 요금 | かかる (돈이) 들다 | 全員 전원 | 賞品 상품 | 暮らす 살다 | 感じる 느끼다 | 自由に 자유롭게 | 発表する 발표하다 | 国際 국제 | 深める 깊게 하다 | 社会 사회 | 接する 접하다 | 日ごろ 평소 | 考える 생각하다 | 様々な 여러 가지 | エピソード 에피소드 | 〜について 〜에 대해 | 生活 생활 | 普段 일상, 평소 | 違う 다르다 | 困る 어려움을 겪다 | 怒る 화내다 | 方々 여러분 | 無料 무료 | 予約 예약 | 場合 경우

> 지문 해석

★ 외국인 말하기 대회 ★

일본에 살고 있는 외국인 여러분!

20○○년 11월 25일(토), 외국인 문화 센터에서 외국인분들의 일본어 말하기 대회를 실시합니다. 이번 말하기 대회는 일본인과 외국인의 국제 교류를 깊게 하기 위한 것입니다. 일본 사회와 문화를 접하면서 느낀 것이나 평소 생각했던 것 등, 다양한 에피소드에 대해서 자유롭게 이야기해 주십시오. 말하기 주제는 '일본 생활'입니다. 여러분들이 평소에 일본에서 생활하면서 느낀 일본의 재미있는 점, 자기 나라와 달라서 힘들었던 점, 화가 났던 점 등에 대해서 발표해 주세요. 많은 분들의 참가를 기다리고 있겠습니다.

접수 기간	20○○년 9월 1일(금)~10월 30일(토)까지
장소	외국인 문화 센터
일시	20○○년 11월 25일(토) 오후 12시~5시
상품	1위 : 일본 국내 온천 이용권 2위 : 상품권(만 엔 상당) 3위 : 외국인 문화 센터 프로그램 이용권

※ 입장료는 무료이고 예약도 불필요합니다.
※ 차로 오시는 경우는 주차 요금이 듭니다.

N4 파이널 테스트 2회

| 1. ④ | 2. ④ | 3. ④ | 4. ③ | 5. ④ | 6. ① | 7. ④ | 8. ② | 9. ④ | 10. ③ |

문제4 내용 이해-단문

1

지문 해석

　아침 일찍 일어나는 것을 괴롭다고 느끼는 사람도 많을 거라고 생각합니다만, 몸에는 매우 좋은 일입니다. 조기 기상의 좋은 점은 '몸에 좋다'는 것만은 아닙니다. 아침은 밤과 달리 방에 불을 켜지 않고 지낼 수 있어서 전기 요금이 절약되기도 합니다.
　또 커피숍의 모닝 세트나 요가 교실 등 '아침만의 저렴한 가격'으로 즐길 수 있는 것도 많이 있기 때문에 집 가까운 곳에서 찾아보는 것도 좋을 것입니다.

단어

早起き 일찍 일어남, 조기 기상 | つらい 괴롭다 | 感じる 느끼다 | 体によい 몸에 좋다 | ～だけ ～뿐 | 朝 아침 | 夜 밤 | ～と違って ～와 달리 | 部屋 방 | 電気をつける 불을 켜다 | ～ずに ～하지 않고 | 過ごす 보내다, 지내다 | 電気代 전기세, 전기 요금 | 節約 절약 | ～にもなる ～도 된다 | 喫茶店 커피숍 | モーニングセット 모닝 세트 | ヨガ教室 요가 교실 | ～など ～등 | 安い 싸다 | 価格 가격 | 楽しむ 즐기다 | 近く 근처 | 探す 찾다 | ～てみる ～해보다 | ～といい ～하면 좋다 | ～について ～에 대해서 | 考える 생각하다 | いやだ 싫다 | ～だけでなく ～뿐만 아니라 | 経済的 경제적

문제 해설

1 필자는 조기 기상에 대해 어떻게 생각하고 있습니까?

1 일찍 일어나는 것은 몸에만 좋을 뿐이고, 아침 일찍 일어나는 것은 괴로운 일이다.
2 아침이라서 저렴한 가격으로는 즐길 수 없는 것이 많아서 싫다.
3 밤과 달리 전기 요금이 비싸기 때문에 절약이 되지 않는다.
4 일찍 일어나는 것은 몸에 좋을 뿐만 아니라, 경제적으로도 좋은 점이 많이 있다.

해설 　전체적 내용으로 보아, 일찍 일어나는 것이 몸에 좋을 뿐만 아니라 전기 요금도 아낄 수 있고, 모닝 세트나, 요가 학원 교실 등 저렴한 가격으로 할 수 있다는 경제적인 이점이 있다고 했다. 따라서 정답은 4번이 된다.

2

지문 해석

　아이가 중학생이나 고등학생이 되면 단지 책 읽는 것을 좋아하는 것만으로는 충분하지 않게 됩니다. 책은 좋아하지만 국어 성적은 그다지 좋지 않다는 학생이 있습니다. 그것은 읽고 있는 책이 초등학생 때와 비슷한 정도의 것으로 너무 쉽기 때문입니다. 책을 읽는 것이 취미일 수도 있기 때문에 쉬운 책을 읽는 것도 나쁘진 않지만, 쉬운 책밖에 읽지 못한다는 것은 역시 문제입니다.

단어

子ども 아이, 어린이 | 中学生 중학생 | 高校生 고등학생 | ただ 단지 | ~が好きだ ~을 좋아하다 | 十分だ 충분하다 | 国語 국어 | 成績 성적 | あまり~ない 별로 ~지 않다 | ~という ~라는 | 生徒 학생(주로 초·중고생) | 同じ 같음 | ~くらい ~정도 | やさしい 쉽다 | ~すぎる 너무 ~하다 | ~からだ ~때문이다 | 趣味 취미 | 悪い 나쁘다 | ~しか~ない ~밖에 ~지 않다 | やはり 역시 | 問題 문제 | なぜ 왜 | 関係 관계 | ~ばかり ~뿐, ~만 | 勉強 공부 | 役に立つ 도움이 되다

문제 해설

> 2 책은 좋아하지만 국어 성적은 그다지 좋지 않은 이유는 무엇입니까?
> 1 책은 취미로 읽는 것으로 성적과는 그다지 관계가 없다고 생각하니까
> 2 중학생이나 고등학생이 되면 책을 읽지 않게 되니까
> 3 쉬운 책만 읽으면 학교 공부는 하지 않게 되니까
> 4 책이 너무 쉬우면 중학교부터의 국어 공부에는 그다지 도움이 되지 않으니까

해설 　본문의 셋째 줄 [それは読んでいる本が小学生のときと同じくらいのもので、やさしすぎるからです]를 통해 초등학교 수준의 쉬운 책만 읽으면 국어 공부에는 도움이 되지 않는다는 것을 알 수 있다. 따라서 정답은 4번이 된다.

3

지문 해석

　시치고산이라는 것은 남자 아이는 3살과 5살, 여자 아이는 3살과 7살의 11월 15일에 성장한 것을 기뻐하는 일입니다. 옛날에는 자주 아이가 죽어서 7살까지는 신의 자식이라고 생각되어, 사회에 나가는 것은 7살을 넘기고부터라고 여겼습니다. 때문에 아이가 성장하는 것을 고맙게 생각하게 되었다고 합니다.
　그러나 현재에는 11월 15일이 아니라 그 전후 토요일이나 일요일, 휴일로 하는 일이 많아졌습니다.

단어

〜というのは 〜라는 것은 | 〜才 〜살 | 大きくなる 성장하다 | よろこぶ 기뻐하다 | むかし 옛날 | 死ぬ 죽다 | 神の子 신의 자식 | 社会 사회 | 過ぎる 지나다 | 〜てから 〜하고 나서 | 〜とされる 〜로 여기다 | だから 그래서, 때문에 | ありがたく 고맙게 | 〜ようになる 〜하게 되다 | しかし 그러나 | 今では 지금은 | 前後 전후 | 休みの日 쉬는 날, 휴일 | 〜にする 〜로 하다 | 多くなる 많아지다 | 〜と合う 〜와 맞다 | 呼ばれる 불리다 | 毎年 매년 | 行われる 행해지다 | 〜ことがある 〜할 때가 있다

문제 해설

3 본문의 내용과 맞는 것은 어느 것입니까?
1　아이는 옛날에 3살이 된 후부터는 신의 자식이라고 불렸다.
2　일본에서는 옛날에 남자 아이는 6살이 되어야 사회에 나갈 수 있었다.
3　시치고산은 지금도 매년 11월 15일에 행해지고 있다.
4　시치고산은 지금은 14일이나 17일에도 행할 때가 있다.

해설　1번, 신의 자식이라고 생각한 것은 7살까지이고, 2번, 사회에 나갈 수 있는 나이 역시 7살을 넘긴 후부터라고 생각했다. 마지막 문장의 [しかし、今では11月15日ではなく、その前後の土曜日や日曜日・休みの日にすることが多くなりました]에서 3번이 아니라 4번이 답임을 알 수 있다.

4

지문 해석

    회사를 시작한 지 7년이 지났지만 아이들은 제가 하는 일을 잘 모르고 있는 듯합니다. 친구에게 질문을 받아도 "음, 영업일을…" 정도.
    만약 아이가 자기 아버지의 일을 설명할 수 없다면, 제대로 설명하지 않은 부모에게도 책임이 있습니다. 아이는 부모의 일을 통해 사회의 일면을 배웁니다. 그러기 위해서라도 아이라도 알 수 있는 회사 안내를 만들어 보면 어떨까요? 아이에게는 사회를 공부하는 좋은 기회가 될 것입니다.

단어

会社(かいしゃ) 회사 | **始(はじ)める** 시작하다 | **たつ** 지나다 | **仕事(しごと)** 일, 직업 | **営業(えいぎょう)** 영업 | **自分(じぶん)** 자신 | **父親(ちちおや)** 아버지 | **説明(せつめい)** 설명 | **ちゃんと** 제대로 | **親(おや)** 부모(님) | **責任(せきにん)** 책임 | **〜を通(とお)して** 〜을 통해서 | **一面(いちめん)** 일면 | **学(まな)ぶ** 배우다 | **そのために** 그러기 위해서 | **案内(あんない)** 안내 | **作(つく)る** 만들다 | **〜にとって** 〜에게, 〜에게 있어서 | **勉強(べんきょう)する** 공부하다 | **機会(きかい)** 기회 | **難(むずか)しい** 어렵다

문제 해설

> **4**   필자는 왜 <u>회사 안내를 만들어 보자</u>고 말하고 있습니까?
>
> 1 아이가 부모의 직업에 대해 잘 모르는 것은 부모의 책임이니까
> 2 아이에게 부모의 직업을 제대로 설명하는 것은 어려운 일이니까
> 3 아이에게 부모의 직업을 통해 사회의 일면을 배우게 하고 싶어서
> 4 아이가 자기 아버지의 직업을 설명할 기회가 많기 때문에

해설 필자는 다섯째 줄 [子どもは親の仕事を通して社会の一面を学びます。そのためにも、子どもでもわかる会社案内を作ってみたらどうでしょうか]를 통해, 아이가 부모의 직업(일)을 통해 사회의 일면을 배운다며 그 때문이라도 회사 안내를 만들어 보면 어떻겠냐고 제안하고 있다. 따라서 답은 3번이 된다.

문제5 내용 이해-중문

지문 해석

　지난주 다나카 씨와 커피를 마시면서 친구 결혼식에 대해 이야기했습니다. 그 친구와는 어릴 때부터 사이가 좋았습니다. 우리 집 바로 옆에 살고 있어서 학교에 갈 때에도 언제나 함께였습니다. 친구가 결혼하는 것은 몹시 쓸쓸하지만, 멋진 웨딩드레스를 보니 나도 빨리 입어 보고 싶어졌습니다. 그때 다나카 씨가 "당신도 3년 이내에는 결혼할 수 있어요."라고 말하며 ①저의 애인에 대해 여러 가지를 물었습니다.

　그와는 작년 친구 집에서 한 파티 때 만나 7월에 1년이 됩니다. 저에게 몇 번이나 결혼하자고 하지만, 저는 어떻게 할까 생각하고 있습니다. 그가 싫지는 않지만 아직 아버지 어머니에게 그에 대한 것은 아무 말도 하지 않았습니다.

　그는 착하고 키가 크고 잘생겼습니다. 그래서 제가 그의 이야기를 하면 아버지와 어머니는 놀라시겠지만 기뻐하실 거라고 생각합니다. 아버지와 어머니는 저에게 좋아하는 사람이 있으면 빨리 결혼하라고 하십니다. 친구 결혼식이 끝나면 우리 집에 그를 데려갈 생각입니다.

단어

先週 지난주 | コーヒーを飲む 커피를 마시다 | ～ながら ～하면서 | 結婚式 결혼식 | ～のこと ～에 관한 것 | 小さいとき 어렸을 때 | 仲がいい 사이가 좋다 | すぐとなり 바로 옆 | ～に住んでいる ～에 살고 있다 | いつも 항상 | いっしょ 함께 | 結婚する 결혼하다 | さびしい 쓸쓸하다 | すてきな 멋진 | ウェディングドレス 웨딩드레스 | はやく 빨리 | 着る 입다 | ～てみる ～해 보다 | 以内 이내 | きょねん 작년 | ～になる ～이 되다 | なんども 몇 번이나 | きらいだ 싫어하다 | まだ 아직 | 父 아버지 | 母 어머니 | 何も 아무 것도 | やさしい 착하다, 상냥하다 | 背が高い 키가 크다 | ハンサムだ 핸섬하다 | びっくりする 깜짝 놀라다 | よろこぶ 기뻐하다 | ～なさい ～해라 | 終わる 끝나다 | ～たら ～하면 | つれていく 데려가다 | つもり 생각, 작정 | きれいだ 예쁘다 | 子どものとき 어렸을 때 | しんせつだ 친절하다 | 両親 부모님 | よわい 약하다 | お金 돈 | あまり 그다지, 별로 | 反対 반대 | 今年中 올해 안 | ～といっしょに ～와 함께 | おどろく 놀라다

> **문제 해설**

5   친구에 대한 설명으로 올바른 것은 어느 것입니까?

1   친구는 지난주 결혼했습니다.
2   친구의 웨딩드레스는 그다지 예쁘지 않았습니다.
3   친구는 결혼할 사람과 3년 전에 만났습니다.
4   친구와 저는 어릴 때부터 사이가 좋습니다.

해설 첫째 줄 [友だちの結婚式のことを話しました。その友だちとは小さいときから仲がよかったです]에서 답이 4번임을 알 수 있다.

6   ①저의 애인은 어떤 사람입니까?

1   그는 친절하고 잘생긴 사람입니다.
2   그는 저의 부모님에게는 약한 사람입니다.
3   그는 키가 커서 부모님도 깜짝 놀랐습니다.
4   그는 잘생긴 사람이지만, 돈은 그다지 없습니다.

해설 마지막 단락의 첫 문장 [かれはやさしくて背が高く、ハンサムです]에서 답이 1번임을 알 수 있다.

7   나는 앞으로 무엇을 하려고 생각하고 있습니까?

1   결혼은 하고 싶지 않지만 웨딩드레스는 입어 보고 싶다고 생각합니다.
2   그가 결혼하고 싶다고 해서 빨리 하려고 생각합니다.
3   부모님은 결혼에 반대하지만 저는 올해 안에 하고 싶다고 생각합니다.
4   친구의 결혼식 후 그와 함께 집에 가려고 생각합니다.

해설 제일 끝 문장 [友だちの結婚式が終わったら、私の家にかれをつれていくつもりです]에서 답이 4번임을 알 수 있다.

8 　본문의 내용과 맞는 것은 어느 것입니까?

1 　제가 결혼하면 아버지와 어머니는 쓸쓸해질 거라고 생각합니다.
2 　부모님께 결혼하고 싶은 사람이 있다고 말하면 놀라실 거라고 생각합니다.
3 　그를 집으로 데리고 가니 3년 후에는 결혼할 거라고 생각합니다.
4 　친구가 결혼해서 저도 빨리 결혼하고 싶어졌습니다.

해설 마지막 단락의 [私がかれの話をしたら、父と母はびっくりするでしょうが、よろこぶと思います]에서 답이 2번임을 유추할 수 있다.

문제6 정보 검색

문제 해설

다음의 2011년 3월에 있는 '코스피 나가사키 토너먼트 스케줄'을 보고 질문에 답하시오. 답은 1·2·3·4에서 가장 적당한 것을 하나 고르시오.

9 　초급 남자D에 한 조와 초급 여자S에 두 명이 나갑니다. 참가비는 얼마가 됩니까?

1 　14,700엔
2 　14,650엔
3 　13,700엔
4 　13,650엔

해설 초급 남자D 한 조 참가비는 5,250엔, 초급 여자S 4,200엔×2=8,400엔을 합하면 13,650엔이 된다. 따라서 답은 4번이다.

10 　테니스 토너먼트 스케줄의 내용과 맞는 것은 어느 것입니까?

1 　중급 코치를 했던 적이 있고 테니스 경력이 8년인 사람은 참가할 수 있습니다.
2 　테니스 경력이 없으면 오픈 경기에는 참가할 수 없습니다.
3 　팩스가 없으면 전화로도 접수할 수 있습니다.
4 　비가 와도 대회는 실시됩니다.

해설 코치를 했던 사람은 대회에 참가할 수 없다고 했으니 1번은 오답, 오픈 경기에는 누구나 참가할 수 있다고 했으니 2번도 오답이다. 4번은 비가 올 경우 대회 개최 여부는 전화로 문의해야 한다고 했으니 꼭 실시된다고는 볼 수 없다. 답은 팩스와 전화로 신청이 가능하다고 했으니 3번이 된다.

단어

初級(しょきゅう) 초급 | 男子(だんし) 남자 | 1組(ひとくみ) 한 조 | 女子(じょし) 여자 | 参加費(さんかひ) 참가비 | トーナメント 토너먼트 | スケジュール 스케줄 | 中級(ちゅうきゅう) 중급 | コーチ 코치 | テニス歴(れき) 테니스 경력 | 受け付け(うけつけ) 접수 | 雨のとき(あめのとき) 비가 올 때 | 大会(たいかい) 대회 | おこなう 행하다, 실시하다 | 日時(にちじ) 일시 | 種目(しゅもく) 종목 | 募集(ぼしゅう) 모집 | 人数(にんずう) 인원수 | 集まる(あつまる) 모이다 | 対象(たいしょう) 대상 | 選手(せんしゅ) 선수 | 申込受付(もうしこみうけつけ) 신청 접수 | 方法(ほうほう) 방법 | 参加者名(さんかしゃめい) 참가자명 | 電話番号(でんわばんごう) 전화번호 | クラブ名(めい) 클럽명 | 当日(とうじつ) 당일 | 払う(はらう) 지불하다 | キャンセル 캔슬, 취소 | 変える(かえる) 바꾸다 | ~かどうか ~할지 어떨지 | お~ください ~해 주세요 | 試合(しあい) 경기, 시합 | 中止(ちゅうし) 중지

지문 해석

2011년 코스피 나가사키 토너먼트 스케줄 (3월)

일시	종목	모집 인원수	참가비	집합 시간	시작 시간
5일(토)	초급 남자S	20명	4,200엔	15:30~15:50	16:00
	초급 여자S	16명			
12일(토)	중급 남자D	16조	5,250엔	15:30~15:50	16:00
	초급 여자D	20조			
26일(토)	초급 혼합 복식D	20조	4,200엔	16:30~16:50	17:00
	중급 혼합 복식D	12조			
27일(일)	초급 남자D	20조	5,250엔	16:30~16:50	17:00
	초급 여자S	16조	4,200엔		

(대상) 초급…테니스 경력 5년까지인 분.
중급…테니스 경력 10년까지인 분.

※ 코치를 했던 사람, 전일본선수를 했던 사람은 참가할 수 없습니다.
※ 오픈…누구나 참가할 수 있습니다.

(신청 접수) 2개월 전부터
(신청 방법) 전화 또는 팩스 (*참가자명, 전화번호, 클럽명을 써 주십시오.)
참가비는 당일 지불해 주십시오.
접수 후에는 취소할 수 없습니다. (*참가자는 바꿔도 좋습니다.)
비가 올 경우 대회 개최 여부는 전화로 문의해 주세요.
(*경기 1시간 전까지 비가 오면 중지됩니다.)

JLPT 콕콕 찍어주마 N4·5 독해 4th EDITION

지은이 이서규, 박성길, 이영아, 김윤선 공저
펴낸이 정규도
펴낸곳 (주)다락원

초판 1쇄 발행 2003년 9월 5일
개정2판 1쇄 발행 2011년 3월 23일
개정3판 1쇄 발행 2017년 12월 11일
개정3판 6쇄 발행 2025년 3월 13일

책임편집 송화록, 이선미, 정은영
디자인 이선주, 김희정, 하태호(표지)

🏯다락원 경기도 파주시 문발로 211
내용문의: (02)736-2031 내선 460~465
구입문의: (02)736-2031 내선 250~252
Fax: (02)732-2037
출판등록 1977년 9월 16일 제406-2008-000007호

Copyright ⓒ 2017, 이서규, 박성길, 이영아, 김윤선

저자 및 출판사의 허락 없이 이 책의 일부 또는 전부를 무단 복제·전재·발췌할 수 없습니다. 구입 후 철회는 회사 내규에 부합하는 경우에 가능하므로 구입문의처에 문의하시기 바랍니다. 분실·파손 등에 따른 소비자 피해에 대해서는 공정거래위원회에서 고시한 소비자 분쟁 해결 기준에 따라 보상 가능합니다. 잘못된 책은 바꿔 드립니다.

ISBN 978-89-277-1187-2 18730
    978-89-277-1168-1 (set)

http://www.darakwon.co.kr

- 다락원 홈페이지를 방문하시면 상세한 출판정보와 함께 동영상강좌, MP3자료 등 다양한 어학 정보를 얻으실 수 있습니다.
- 콕콕 실전문제 및 파이널 테스트 문제의 해설은 다락원 홈페이지 학습자료실에서 다운로드 받으시거나 교재 안의 QR코드를 통해 바로 확인하실수 있습니다.